Christian Kössler

Tiroler Teufelstanz

16 düster-schaurige Sagen aus Nord-, Ost- und Südtirol

pyjamaguerilleros*

Christian Kössler

Tiroler Teufelstanz

16 düster-schaurige Sagen aus Nord-, Ost- und Südtirol

*pyjamaguerilleros**

Bibliographische Informationen der Deutschen Bibliothek: Die Deutsche Bibliothek verzeichnet diese Publikation in der Deutschen Nationalbibliographie; detaillierte bibliographische Daten sind im Internet unter https://portal.dnb.de abrufbar.

Tiroler Teufelstanz. 16 düster-schaurige Sagen aus Nord-, Ost- und Südtirol.
Neu erzählt und in die Gegenwart verlegt von Christian Kössler

Die inhaltliche Verantwortung für sämtliche Texte liegt beim Verfasser.

Edition: `pyjamaguerilleros*`
Mitterweg 115/25
A-6020 Innsbruck

Organisatorische Abwicklung: Kulturrebellen Productions
Lektorat: Roberta Bortolotti, MA
Korrektorat: Mag.ª Judith Gorbach
Cover / Gestaltung / Satz: DI Andreas Auer
Fotos: Mag.ª Silvia Kössler
Herstellung: Books on Demand GmbH, Norderstedt
Erscheinungsort und -jahr: Innsbruck 2020

Nr. 27 des Kleinverlages
`pyjamaguerilleros*`

ISBN 978-3-9504143-7-0

Innsbruck 2020

*Ein Projekt von Cognac & Biskotten – Dem Literaturclub mit dem Wow-Aha-Effekt – www.cobi.at – unterstützt und gefördert von:

BUNDESKANZLERAMT ÖSTERREICH
KUNST

In Liebe für meine Frau Silvia

Vorwort von Martin Trafoier

Verfasst nach einer Gewitternacht im Juli 2020

Die Vorwürfe, er sei von der Tiroler Tourismuswirtschaft gekauft, vermittle eine Tiroler Postkartenidylle und locke mit seinen Geschichten Besucherinnen und Besucher in die belebten Wintersportorte unseres Landes, um ihnen dann dort das Geld links und rechts aus den Taschen zu ziehen, hat sich Christian Kössler sicher noch nie anhören müssen.

Ganz im Gegenteil. Seine Geschichten sind zum Leidwesen der Touristiker genau lokalisierbar, spielen in Innsbruck, Kitzbühel, Lienz, im Außerfern oder in den Tälern und Dörfern Südtirols. Wir alle haben Bilder dieser Orte und Gegenden im Kopf. Schöne Bilder. Vertraute Bilder. Einladende Bilder. Es sind Bilder der Heimat, der Geborgenheit, der Sicherheit.
Noch.

Denn nach der Lektüre von Christian Kösslers „Tiroler Teufelstanz" wird man diese Orte und Gegenden anders sehen. Man wird mit einem Gefühl des Unbehagens reagieren, wenn man im Zug von einem Mitreisenden angesprochen wird. Und nur mehr mit einem Frösteln und Schaudern nachts über den Fernpass fahren. Und man wird sich vor allem hüten, allein unterwegs zu sein.

Kösslers neue Grusel- und Schauergeschichten erscheinen für die Fremdenverkehrstreibenden in Nord-, Ost- und Südtirol deshalb zu einer wahren Unzeit. Gerade in den Coronazeiten wird mit der Abgeschiedenheit und der Einsamkeit des Alpenraums um Gäste gebuhlt. Keine Rede mehr von Halligalli, kein Interesse mehr an Ballermännern und Ballerfrauen. Tirol wird als Land angepriesen, in dem man Abstand halten kann, niemandem begegnet, in dem man alleine, mit der Familie oder ein paar Freunden die Berge, Seen und Wälder genießen kann. Dabei, das machen diese Geschichten deutlich, ist ein Aufenthalt in Tirol für Gäste, aber noch mehr für Einheimische, gefährlich für Leib und Leben.

In Christian Kösslers Tirol fehlt nämlich der strahlende Sonnenschein, der Millionen Touristen das Land so paradiesisch anmuten lässt. Es fehlt der tiefblaue Himmel, der die Berggipfel auch für uns Einheimische so verlockend macht. Es fehlen die traumhaften Kulissen, vor denen wir sonst lässig mit Sonnenbrille für Selfies posieren. Satte, grüne Wiesen? Ruhe ausstrahlende und mit Pfifferlingen gespickte Wälder? Friedlich äsende Kühe, fröhlich zwitschernde Spatzen, lustig gackernde Hühner, Zärtlichkeit suchende Hauskatzen? Zwar schweigsame, aber stets hilfsbereite und freundliche Menschen? Weit gefehlt.

Bäche, Berge, Brücken, Gasthäuser, Hotels, Krankenhäuser, Schutzhütten, Straßen, Wälder, Wiesen. Überall kann in diesem Tirol das Böse auflauern. Unbedingt

und zu jeder Tages- und Nachtzeit zu meiden: Friedhöfe. Schon der Name ist ein Paradoxon, denn die Toten ruhen dort weit weniger friedlich, als wir vermuten oder glauben möchten. Ihr seid hiermit gewarnt.
Trotzdem fürchte ich, dass einige von euch diese Warnung vor Friedhöfen, genauso wie manche Coronavorsichtsmaßnahmen, missachten und dann zur Strafe bis in alle Ewigkeit in einer der nächsten Kössler-Geschichten herumspuken werden.

Christian Kössler zeichnet ein Tirol, das bedrohlich und grau, kalt, dunkel und düster ist. Ein Land mit vielen Schatten und noch mehr Schattenwesen, die mit fröhlichen Zechern, ahnungslosen Bergwanderern und skrupellosen Steuerhinterziehern ihr böses Spiel treiben. Dazu beschwören sie Unwetter und schreckliche Gewitter herauf. Sie lassen es schneien, in Strömen regnen, blitzen und donnern, um ihre Opfer leichter zu fassen zu kriegen. Aus dem Nichts, aber wie in „Höllenhund" meisterhaft schaurig und unglaublich plastisch und poetisch beschrieben, formen sich feuchte, dichte, weiße, undurchdringliche Nebelbänke, aus denen plötzlich funkelnd rote Augen auftauchen und das Leben von zwei lebensfrohen Studentinnen für immer verändern.

In Christian Kösslers Tirol ist es fast immer Nacht, und kein Vollmond, kein elektrisches Licht, keine Taschenlampen können der Finsternis etwas anhaben. Selbst wenn sich eine Geschichte bei Tag zuträgt, bleibt ein Hauch von Nacht in den Zeilen hängen. In einigen

Geschichten kann man diese Nacht, das Dunkle und die Unterwelt förmlich riechen, da liegt dann gar der schwefelige Gestank der Hölle in der Luft oder strömt aus den Kleidern oder Mündern manch unheimlicher Gestalten. Und diese Gestalten, Tiroler Sagen und Volkserzählungen entnommen, sind es, von denen selbst jetzt im 21. Jahrhundert die größte Bedrohung für uns ausgeht. In den vorliegenden Erzählungen sind die Toten nämlich selten tot und die Lebenden am Ende einer Geschichte meist nicht mehr sehr lebendig. Christian Kösslers Hexen, Salige, Geister, ruhelose Seelen und Untote sind, wenn sie nicht gerade nach Schwefel und Tod riechen, meist nicht von unseren Mitmenschen zu unterscheiden. Sie tarnen sich als freundliches Ehepaar, das einem in ein Unwetter geratenen Wanderer Unterschlupf bietet, sie fahren mit dem Zug, obwohl sie keine Transportmittel zur Fortbewegung bräuchten, sie plaudern selbst mit frommen Nonnen, ohne erkannt oder entlarvt zu werden. Dass auch der Teufel viel und oft im „heiligen“ Land Tirol gut getarnt auf Beutezug geht, verwundert nicht, wenn man bedenkt, dass es ihm schon immer besonderen Spaß gemacht hat, die Guten oder Frommen zu sich in die Hölle zu holen.

Touristiker im Ferienland Tirol werden diesen Erzählband wohl nicht als Werbegeschenk verteilen oder den Gästen zur Bibel ins Nachtkästchen legen. Und Hoteliers und Gastwirte werden den Autor auch nicht zu gruseligen, abendlichen Lesungen in ihre Speisesäle und Gaststätten bitten.

Oder vielleicht doch?
Das unerklärliche Verschwinden des einen oder anderen Gastes oder Einheimischen könnte dadurch vielleicht abgewendet werden.

MARTIN TRAFOIER,
in Schlanders im Vinschgau geboren und wohnhaft, unterrichtet Englisch am dortigen Real- und Sprachengymnasium, bemüht sich als Präsident der Polar Bear Society Vinschgau um den Eisbärenschutz und meidet auf Reisen düstere und verwunschene Orte, weshalb er bislang noch nie mit Geistern, Hexen, Teufeln oder Vampiren in Berührung gekommen ist.

Tiroler Teufelstanz

Inhalt

Der Teufel kommt

Landeck

Ende Oktober. Tiefster Herbst. Nur mehr wenige Wochen bis zur Hauptsaison, zum langen Schnee entlang der Fluten der Trisanna, die sich nach Nordosten durchs Paznauntal schält. Ausgebucht, bis auf den allerletzten Platz belegt. Jetzt kamen die goldenen, aber auch ruhelosen Zeiten, in denen nichts schlief, nichts stillstand, alles routiniert ineinandergriff und stets in Bewegung war. Abgestimmt, getaktet.

Franz Siegele stand am Rand des Hotelteichs, der still und glatt vor ihm lag. Die kahlen, kraftlosen Birken am gegenüberliegenden Ufer spiegelten sich regungslos im kalten Wasser. Bald schon würde sich der erste Frost über die Oberfläche legen, schleichend die Kälte herankriechen, nicht mehr gehen wollen und das Wasser erstarren lassen. Siegele ließ den Blick einige Zeit über seine Anlage schweifen. Dann zündete er sich eine Zigarette an und nahm einige tiefe Züge. Wie würde der heutige Abend verlaufen?

Immerhin war Gerhard Mattle, eine prominente, altgediente lokale Künstlergröße, um 19 Uhr im kleinen Veranstaltungssaal geladen, vor den ersten Urlaubsgästen seine düsteren Bilder in einer Ausstellung zu präsentieren. Ein Experiment, mit dem Siegele neue, innovative Wege beschreiten wollte, denn Volksmusik-Abende und Zirbenöl-Massagen waren seiner Ansicht nach als Schwerpunkte seines Hauses bei weitem nicht mehr ausreichend. Deshalb hatte er sich entschieden, Alternativen auszutesten, neue Möglichkeiten auszuloten, angetrieben vom Respekt vor der Zukunft und auch ein wenig von der Ungewissheit, was sie im Tourismussektor bringen würde. Sich blind, sich sorglos auf schneesichere Winter und festgefahrene Strukturen zu verlassen, konnte unter Umständen böse ins Auge gehen. Mutig und dennoch mit einer gehörigen Portion Umsicht in andere Richtungen voranzuschreiten, würde sich möglicherweise in einigen Jahren so richtig auszahlen. Und es müsste doch mit dem Teufel zugehen, wenn nicht er, Franz Siegele, als alter Hotelier-Fuchs Strategien finden könnte, die ihn am Ende als strahlenden Gewinner dastehen lassen würden.

Den Auftakt zum Beschreiten einer dieser neuen Wege läutete heute Abend Gerhard Mattle ein. Wenn seine eindrucksvollen Werke bei den Hotelgästen Anklang fanden, konnte man vielleicht eine ganze Ausstellungsreihe starten, sich womöglich sogar im internationalen Rahmen bewegen und am Ende des Tages Künstlerinnen und Künstler aus den Heimatländern der Urlauberinnen und Urlauber einladen. Ohne Vision keine Realität.

Langsam versickerte das Licht der Herbstsonne hinter den wild geformten Bergen und ihrer wuchtigen, unberechenbaren Eigenwilligkeit, um die Umgebung allmählich in einem seltsamen Zwielicht versinken zu lassen. Plötzlich kam Wind auf, fuhr über den Teich, durch die dürren Baumäste, drängte ausgefranste Wolkengespenster über die Bergspitzen, die sich auf seltsame Weise immer schneller und schneller zu größeren Formationen zusammenzufügen schienen. Franz Siegele fröstelte. Dann zog er den Reißverschluss seiner Jacke ganz nach oben und starrte auf seine Uhr. Mattle musste in Kürze eintreffen.

Zahlreiche Kerzenflammen erhellten den Veranstaltungssaal, zuckten unruhig und ließen die Gäste im Schein des Lichts ein groteskes, unheimliches Spiegelbild an die Scheiben werfen.

Während sich draußen die kalte Nacht mit dichten Regenwolken übers Land gelegt hatte, stellte Gerhard Mattle seine Bilder vor, in denen er altüberlieferte Geister- und Teufelssagen mit grauschwarzer Tusche festgehalten hatte. Er gestikulierte, inszenierte in seinem enganliegenden, pechschwarzen Anzug, der die hochgewachsene, außergewöhnlich schlanke Statur des Mannes noch zusätzlich unterstrich. Unter seinem eisgrauen Schnurrbart bewegten sich schmale und scharf gezeichnete Lippen, deren Röte von einer bemerkenswerten Vitalität zeugten. Mattle überraschte mit zahlreichen Hintergrundinformationen zu seinen Werken und schien den Schrecken der Anwesenden bis in jede einzelne Ader auszukosten, wenn er sie damit ins Reich des Unheimlichen und Übernatürlichen entführte. Schaurig-schräge, experimentelle Gitarrenklänge eines eigens engagierten Musikers im Hintergrund unterstrichen das sanfte Grauen, das seit Beginn dieser so völlig anderen, ungewöhnlichen Veranstaltung in den Raum gekrochen, in Mark und Bein gefahren und bei vielen immer noch nicht gewichen war. Im Nacken sitzend, festgekrallt in das so empfängliche Unterbewusstsein.

„Sehr geehrte Gäste! Ich darf nun als Höhepunkt des Abends zum letzten Bild, dem Finale dieser Ausstellung kommen. Hintergrund ist eine ungemein interessantere Geschichte, die man sich hier im Paznauntal erzählt … Eine Sage, in der – wie man weiß – auch immer ein Körnchen Wahrheit steckt!
So fiel eines Tages das Haus eines Bauern in See einem verheerenden Brand zum Opfer. Mittellos und völlig verzweifelt rief er schließlich den leibhaftigen Teufel um Hilfe an. Dieser sagte ihm seine Unterstützung zu. Doch der ‚Schwarze' verlangt stets eine Gegenleistung. Er lässt seine Schuldner nicht einfach so ziehen. Es geht um seinen Ruf – diesen darf er nicht verlieren. Geld und Gut sind ihm einerlei, davon hat er wahrhaftig genug. Ganz ohne Zweifel. Nein, was er will, ist schlicht und ergreifend eine unschuldige Seele, die auf ewig ihm gehört …
Also versprach der Bauer dem Bocksfuß sein einziges Kind, wenn nur das Haus über Nacht errichtet und bis zum Hahnenschrei vollendet werden würde. Schon kurze Zeit nachdem der unselige Pakt vereinbart war, packten den Landwirt schwere Zweifel und er wurde sich der Konsequenz seines törichten Handelns bewusst. Diese Gemütslage konnte natürlich nicht vor seiner Frau verborgen werden und als sie erfuhr, worauf und vor allem mit wem ihr Mann sich eingelassen hatte, wurde sie bleich vor Schreck. Ob er nicht bei Sinnen gewesen sei, sein eigen Fleisch und Blut dem Bösen zu versprechen, wollte sie wissen.
Doch sie sah sehr wohl, dass die Entscheidung ihres Gatten diesem schwer zu schaffen machte und er am liebsten

alles hätte rückgängig machen wollen. Aber sie würde schon einen Weg finden, um das Ganze noch zu einem guten Ende zu bringen.
Im Schein des Mondes machte sich der Teufel nun ans Werk, höher und höher wuchsen die Mauern, immer mehr nahm das Haus Gestalt an, immer näher rückte aber auch der Zeitpunkt, an dem er das grausame Pfand einfordern würde.
Da packte die Bauersfrau den Hofhahn, steckte ihn in einen bis zum Rand gefüllten Wasserkübel und ließ ihn wieder frei. Im selben Augenblick, als der Leibhaftige das Bauwerk mit der letzten Schindel vollenden wollte, stieß das geplagte Tier einen kräftigen Schrei aus und wie aus tausend Kehlen ließen die anderen Hähne der Umgebung ihren Morgenschrei erklingen.
In diesem Moment wurde dem Teufel bewusst, dass er das Spiel verloren hatte. In grenzenlosem Zorn schleuderte er die Schindel dem Hahn entgegen und fuhr davon, zurück in die lodernden Flammen der Hölle. Die Lücke im Dach jedoch blieb auf immer, denn niemand sollte imstande sein, dort die fehlende Schindel befestigen zu können …"

Mit diesen Worten trat Mattle mit leicht tänzelnden Schritten näher an das Publikum. Kurz hielt er inne, fixierte die Gäste mit seinem durchdringenden Blick und lächelte. Dann flüsterte er in den Saal:

„Aber das ist noch lange nicht das Ende der Geschichte. Der Teufel hatte vielleicht dieses Mal diesen Menschen

verspielt. Doch er kochte vor unbändigem Hass. Und irgendwann würde er zurückkommen und sich eine Seele holen. Das sei seine Bestimmung. Er ließe sich nicht um den Lohn seiner Arbeit prellen. Nicht er …
Und so erzählt man sich, dass jedes Jahr um dieselbe Zeit jemand aus der Gegend spurlos verschwindet, dass ungeklärte Todesfälle zurückzuführen sind auf das Unglaubliche. Auf die Rache des geprellten Satans, der sich so seine Seelen ins Reich der Finsternis holt. Diese Zeit, meine Damen und Herren, ist wieder gekommen … Also, in diesem Sinne: Kommen Sie gut nach Hause und passen Sie auf sich auf. Man weiß ja nie …"

Nach einem kleinen Umtrunk, lebhaften Unterhaltungen und staunenden Blicken auf die ausgestellten Exponate waren die letzten Gäste auf die Zimmer oder an die Hotelbar gegangen. Draußen durchdrangen nun Regentropfen die kühle Nacht, pochten aufdringlich und monoton gegen die Scheiben. Franz Siegele hatte draußen im Foyer ein herrenloses Stromkabel entdeckt und war eben im Begriff, es wegzuräumen, da legte sich plötzlich eine kräftige Hand auf seine linke Schulter.

„Verzeihen Sie, Herr Siegele, aber ich werde jetzt aufbrechen. Ich habe mich sehr über diese Einladung und die Möglichkeit, hier meine Werke präsentieren zu können, gefreut."

„Ach, Sie gehen? Ja, also dann … Vielen, vielen Dank auch Ihnen, Herr Mattle. Es war … Es war einfach großartig und ich denke, das könnte möglicherweise ein vielversprechender Auftakt für eine eigene Veranstaltungsreihe hier im Hotel gewesen sein. So etwas Ungewöhnliches habe ich überhaupt noch nicht erlebt. Meine Gäste waren ja alle ganz begeistert! Fantastisch! Wirklich sensationell! Aber … jetzt sagen Sie einmal: Haben Sie das wirklich ernst gemeint, diese Sache mit dem Teufel? Ich meine, das ist ja … doch sehr, sehr abenteuerlich, oder?"

„Hmmm. Wissen Sie, die Menschen haben alle ihre sehr eigene Art, mit dem Bösen umzugehen. Es hat tausend Gesichter, ist allgegenwärtig. Und für manche scheint der Teufel tatsächlich die Personifizierung dieses Bösen zu sein. Ein ewiger Widersacher Gottes, ein Blender, Verführer, der seinen Platz schon immer auch im Volksglauben unserer Vorfahren eingenommen, sie abgestoßen und zugleich fasziniert hat. Die alten Sagenbücher, sie sind voll von Begegnungen mit dem Satan und seinen Taten. Bisweilen lässt er sich überlisten, doch immer wieder ist er es auch, der späte, ungeahnte Rache übt. Der kommt, um sich zu holen, was ihm zusteht, der abrechnet, einfordert, wenn er das Licht in den Augen der armen Sünderinnen und Sünder für immer brechen sieht. Er packt seine schuldbeladenen Opfer mit seinen scharfen Klauen und zieht sie hinab in sein Reich der Finsternis, wo diese verdammten Seelen in der ewigen Hitze des Höllenfeuers vor sich hin vegetieren, ihre Körper zu verglühen scheinen und das Blut in den Adern zur schäumenden, kochenden Gischt wird …" Siegele wich ein, zwei Schritte vor dem unheimlichen, ganz in schwarz gekleideten Mattle zurück. Selbst jetzt, nach der Veranstaltung, strahlte dieser immer noch etwas Unheimliches aus. Er schien sich seiner Wirkung im Klaren zu sein und setzte erneut ein Lächeln auf.

„Authentizität ist alles. Wenn Sie die Bilder mit ihren Geschichten glaubhaft rüberbringen, sie richtig zu kombinieren verstehen und leben, können Sie die Spannung, den Schrecken, das gestaltlose Grauen in die Herzen der Menschen tragen und sie für kurze Zeit aus ihrem Alltag reißen. Als Maler, als Künstler ist man da im Grunde in einer … sagen wir sehr, sehr mächtigen Position, wissen Sie? Man kann sich diese alten Geschichten und Überlieferungen tatsächlich zunutze machen und begleitend zu seinen Illustrationen mit der Sprache als Werkzeug stimmige Abende schmieden, voll vom schaurigen Zauber der Sagen, die sich seit Jahrhunderten um dieses schöne und doch so geheimnisvolle Land ranken …
So, genug philosophiert. Jetzt muss ich aber wirklich los. Es wird spät. Nochmals herzlichen Dank, alles Gute und vor allem … schöne Träume!"

„Danke, äh, Ihnen auch! Und … und die Rechnung, die lassen Sie mir bitte zukommen! Wie vereinbart, ja? In Ordnung? Wir bleiben in Kontakt!"

„Ja, das bleiben wir! Sehr, sehr gerne, wenn Sie wollen!"

Die gläserne Eingangstüre des Saals schloss sich fast lautlos. Franz Siegele blickte dem Maler nach, der an der

Rezeption vorbeiging, das Gebäude verließ und sich auf den Parkplatz zubewegte. Der Regen war stärker geworden, erste, eigentümlich dampfende Pfützen bildeten sich und glitzerten im Schein der Außenbeleuchtung des Hotels. Mattle verstaute seine große, schwarze Tasche im Kofferraum und startete den Wagen. Augenblicke später verschwanden die Rücklichter des Autos, verschluckt von der durchnässten, kalten Dunkelheit.

Ein seltsamer Kerl, dieser Maler. Irgendwie rätselhaft, eigenartig. Exzentrisch. Aber der Erfolg schien ihm recht zu geben. Authentizität. Ja, das war vielleicht das richtige Wort, das machte es höchstwahrscheinlich aus. Seinen Bildern auf diese Weise Leben einzuhauchen. Richtiges Leben. Jedes Mal aufs Neue.

Siegele verließ nun ebenfalls den Raum, nickte der Dame an der Rezeption müde, aber freundlich zu, zündete sich vor der Türe eine Zigarette an und nahm ein paar tiefe Züge. Dieser Mattle wollte ihn einfach nicht loslassen. Er blies den Rauch hinaus in die feuchtkalte, nasse Mitternachtsluft, der im Regenvorhang seltsame Umrisse zu zeichnen schien, welche sich immer und immer wieder hastig veränderten und sich dann ganz langsam auflösten.

Plötzlich vernahm er den sanften Klingelton seines Mobiltelefons, das in der Hosentasche steckte. Das Läuten riss Siegele unvermittelt aus seinen Gedanken. Er zog es heraus, drückte auf das Symbol zum Entgegennehmen des Anrufs. Er kannte die Nummer, er hörte zu – ungläubig, mit offenem Mund –, begann langsam zu zittern, während ihm die Zigarette auf den Boden fiel und die Glut von der Nässe gelöscht wurde. Er hörte weiter, hörte die Stimme des befreundeten Postenkommandanten der Polizei, der ihm erzählte, dass man Gerhard Mattle, den bekannten Oberländer Maler, soeben mit herausgerissener Kehle in seiner Wohnung gefunden habe. Der Tod sei schon vor Stunden eingetreten.

Des Teufels Schindel

Einem Bauern zu See im Paznauntal brannte sein Haus ab, und er mochte an dessen Stelle gerne ein neues haben, war aber in keiner Feuerversicherungsanstalt und besaß kein Geld. Nahm daher seine Zuflucht zum Teufel und gelobte ihm auf Verlangen sein einziges Kind, wenn der Teufel vom Abend zum Morgen bis zum Hahnenschrei ihm ein neues Haus fertig baue. Bald nach geschlossenem Pakt bereute diesen der Bauer, und er wurde tief niedergeschlagen, weshalb seine Frau ihn fragte, warum er so traurig sei. Der Mann sagte ihr offen den Grund; sie sagte ihm ebenso offen, daß er ein ganz z'ritt'r und z'nicht'r Lump sei, der ein Kind um ein Haus dem Bösen opfere. Wie nun das Bäuerlein heulte, daß es zum Erbarmen war, sprach die Frau, er möge sich nur beruhigen, sie wolle die Sache schon richten. In der Nacht ging das Bauen los, und das Haus wuchs zusehends. Schon stand es unter Dach und Fach, und der Teufel, nachdem er sich zuvor als erstaunlich rascher Maurer, Zimmermann, Tischler, Schlosser und Glaser gezeigt, zeigte sich nun ebenso als Dachdecker. Jetzt war es Zeit, etwas zu tun. Die Frau fing ihren Hahn, tauchte ihn in einen Zuber voll Wasser und ließ ihn laufen. Just fehlte nur noch eine Schindel – der Hahn aber war ärgerlich, schüttelte und pluderte sich und krähte laut seinen Zorn in die Nachtluft hinaus. Der Teufel, der eben die letzte Schindel einziehen wollte, erschrak und meinte, sich verspätet zu haben, zumal alle Hähne der Nachbarschaft vom Schlafe aufgeweckt nun auch zu krähen begannen, obschon es noch viel zu früh war. Da warf der Teufel voller Zorn die Schindel nach dem Hahn und fuhr ohne Kind auf und davon. Der Bauer ließ nun das Haus innen auskleiden und fertigmachen und zog mit den Seinen hinein; im Dach blieb aber stets eine Lücke; niemals blieb eine Schindel dort liegen, wo des Teufels Schindel fehlte, und kein Mensch vermochte dort eine zu befestigen.

Deutsche Alpensagen, gesammelt und herausgegeben von Johann Nepomuk Ritter von Alpenburg, Wien 1861, Nr. 199.

Höllenhund
Reutte

Schwarz, so schwarz wie der Tod glänzt sein Fell –
lauf, lauf schnell, zwischen Himmel und Höll' –
und seine Augen, die Augen, sie glühn
aus ihnen rote Funken sprühn.
Lauf, durch Nacht und Nebel, lauf
bis zum Arlberg musst du heut' noch hinauf,
denn du hast deine eigenen Leute einst verraten,
nun musst du auf deine Erlösung warten
bis Jahrhundert um Jahrhundert verstreicht
und der unselige Fluch endlich von dir weicht.
Schnell ziehen die Wolken vor dem Mond so hell
und schwarz wie der Tod glänzt des Klaushunds Fell.

Feuchtigkeit, die das Dunkel der Nacht zu feinen Fäden spinnt, zu unruhigen Schwaden verwebt, langsam und anfangs kaum merkbar. Stetig, mehr und mehr vereinigen sie sich, kriechen in der Luft und am Boden weiter zusammen, verschmelzen, verwischen Konturen, um allmählich zum Nebel zu werden. Narrend, nicht greifbar und trotzdem so undurchsichtig, so unüberwindbar. Eine eigenartige, weiße Wand, die es in dieser Form gar nicht geben kann, von der sie noch nichts wissen. Die sich gleich, die sich in wenigen Minuten, vor ihnen auftürmen wird …

Der fahle, volle Mond stiert aus dem Dunkel wie ein riesiges Zyklopenauge, streut sein Licht auf Straßen,

Felder, Wiesen und Sträucher, Eisenbahnschienen und den Grundbach. Bis weit hinauf zieht sich das Grün der Bäume und Hänge, kühle und steinerne Bergspitzen glänzen in der Sommernacht.
Gegen 22 Uhr überqueren Viktoria und Melanie den Fernpass. Kaum Autos, die jetzt noch auf der Straße am inzwischen kühlen Asphalt unterwegs sind. Nach und nach passieren sie Biberwier, Lermoos, Bichlbach und Heiterwang, jagen durch die Nacht, durch Zwischentoren, das mit seiner langen Furche die natürliche Trennlinie zwischen Lechtaler und Ammergauer Alpen darstellt. Bald wird sich die große Festung Ehrenberg links oben vor ihnen erheben.
Bis in den frühen Abend waren die beiden noch in der gemeinsamen Wohnung gesessen, dann hatte Viktoria zum Gehen gedrängt, wollte nicht allzu spät aus Innsbruck abfahren, weil sie doch noch bis ins Allgäu hinausmusste, nachdem sie Melanie in Reutte abgesetzt hätte.
Und mit einem Mal türmt sich da diese Wand auf, völlig unvermittelt. Viktoria bremst, bringt den Wagen abrupt zum Stehen. Innerhalb weniger Sekunden ist nun nicht einmal mehr die Fahrbahn auszumachen, die Scheinwerfer prallen auf eine starre, undurchdringliche Masse, die sich bewegt, die das Auto und die gesamte Umgebung komplett zu verschlucken scheint.

„Was soll das? Wo kommt dieser verdammte Nebel her? Shit!"

Viktoria schlägt verärgert beide Hände auf das weiße Lederlenkrad, blickt um sich, in den Rückspiegel, aus den Seitenfenstern. Ein Weiterfahren ist absolut undenkbar.

„Das gibt‘s doch nicht!“

Sie schüttelt entnervt den Kopf und streicht sich rasch eine Haarsträhne aus dem Gesicht. Dann stellt sie den Wagen ab und steigt aus, während Melanie am Beifahrersitz versucht, da draußen irgendetwas wahrzunehmen, sich an Markierungen oder Bäumen und Büschen zu orientieren. Doch sie sieht absolut nichts.
Völlige Stille, kein einziger Ton ist zu hören. Geisterhaft und in seltsamen, feuchten Wellen, auf und ab, dringen Viktoria die weißen Schwaden entgegen, streifen ihr Gesicht, die Schultern. Wie dünne, gespenstische, neckende Wesen. Winzig kleine, eiskalte Tropfen scheinen allmählich die ganze Haut zu bedecken. Ein heftiger Schauer zuckt durch ihren gesamten Körper. Als sie sich vorsichtig einige Schritte vom Auto entfernt, verschwimmen dessen Konturen sofort und etwas verunsichert geht sie wieder rückwärts durch eine Kombination kriechender und wild tanzender Schwaden, bis sie zu ihrer Beruhigung die Stoßstange und das Metall der Motorhaube spürt.
In der Zwischenzeit ist auch Melanie ausgestiegen. Sie kann fast nur noch die Umrisse ihrer Studienkollegin, die nun wieder neben der geöffneten Fahrertüre steht, wahrnehmen. Völlige Stille, kein einziger Ton.

„Unglaublich! Das … das ist wirklich unglaublich! Vickie, was ist das?“,

wirft Melanie in dieses furchtbare Schweigen. Sogar ihre Stimme klingt in diesem eigenartigen Dunst dumpf, irgendwie gedrückt.

„Ich hab keine Ahnung! Es ist irgendwie … beängstigend! So unwirklich! Wie am verdammten Ende der Welt. Und als ob dieser Nebel … lebt!“

Plötzlich scheint Viktoria wie erstarrt. Ein Geruch schlägt ihr entgegen. Intensiv. Faulig.

„Riechst du das auch, Melanie?“

„Nein, ich kann … Doch, doch, jetzt! Das darf doch nicht wahr sein! Gott, das stinkt ja sowas von erbärmlich … “

Der Geruch wird nun immer stärker, breitet sich rasend schnell aus. Doch da ist noch mehr. Zum einen durchdringen diesen unheimlichen Dunst nun zwei scheinbar rote Punkte, die mit jeder Sekunde deutlicher wahrzunehmen sind, sich zu Schlitzen ausweiten und bewegen. Zum anderen hören die beiden Studentinnen jetzt ein leises Knurren, deren Quelle sie nicht genau ausfindig machen können. Es scheint von überall her zu kommen, sie zu umgeben. Erneut spürt Viktoria diesen entsetzlichen Schauer, Gänsehaut überzieht ihren Körper. Sie ist

unsicher, überlegt. Dann wird es ihr klar.
„Der Hund! Es ist dieser Hund …“,

flüstert sie. Ganz kurz, für ein paar Momente, verlieren sich ihre Blicke im Nebel. Ihre Augen sind geweitet, ihr Gesicht wie versteinert, belegt von nackter Angst.

„Wie bitte? Was für ein Hund? Wovon redest du? Viktoria! Viktoria!“

„Wir müssen sofort ins Auto! Auf der Stelle! Hier draußen sind wir nicht mehr sicher!“

„Ich kapier überhaupt nichts mehr. Was …“

„Scheiße, verdammt, frag nicht so viel! Keine Zeit mehr! Ich erklär es dir gleich. Los! Ins Auto, mach schnell!“

Viktoria sitzt als Erste im Inneren des Wagens, Melanie folgt wenige Augenblicke später verwirrt und in völliger Ungewissheit.

„Es ist eine alte Sage hier aus der Gegend. Es war Ende Juli 1632, als die schwedischen Truppen im Dreißigjährigen Krieg Reutte gebrandschatzt hatten. Man erzählt sich, dass irgendein Einheimischer dem Feind den Weg über den Pass verraten und so erst dieses Blutbad ermöglicht haben soll. Zur Strafe muss er nun, tja … als Geisterhund, als Pudel, als ‚Klaushund‘ umgehen und in so manchen Nächten von hier bis zum Arlberg laufen.

Der Überlieferung nach ist er harmlos, soll aber trotzdem Leute bereits zu Tode erschreckt haben … Jeden Sommer jährt sich der Verrat. An jedem verdammten 29. Juli."

„Hey, heute ist der 29. Juli. Ha, alles klar! Du meinst also wirklich, dass … dass dieser Pudel jetzt der Vergangenheit entstiegen ist, nun zu Fleisch und Blut wird und knurrend vor unserem Auto sitzt?"

Viktoria hält das Lenkrad angestrengt umklammert, sie zittert ein wenig. Adern und Sehnen treten am Handrücken hervor, während Melanie versucht, ihre Kollegin zu beruhigen.

„Das da draußen ist definitiv kein Pudel, kein Hund und schon gar keine jahrhundertealte Sagengestalt mit Klauen und langen Zähnen! Garantiert! Vicki! Es geht doch um Tatsachen! Denk mal logisch! Irgendjemand will uns hier ziemlich verarschen! Auf ganz, ganz krasse Weise … Dieser Nebel … So etwas kann doch nur künstlich hergestellt werden, oder? So einen Brei hab ich noch nie gesehen. Beruhig dich jetzt doch!"

„Einen Scheiß werd ich! Wir müssen hier weg! Abhauen, verstehst du? Raus, raus hier! Der Nebel lag doch vor uns, als wir stehen geblieben sind, oder? War doch so? Wenn wir jetzt also versuchen, langsam rückwärts zu fahren, könnten wir es schaffen. Auch bei dieser Sicht … Ich steige hier sicher nicht mehr aus!"

Viktoria wartet erst gar nicht auf eine Antwort, dreht den Zündschlüssel des weißen Fiat 500. Erfolglos. Ein kurzes, beinahe jämmerliches Stottern des Motors und die orangen Lichter der Anzeige erlöschen. Auch ein zweiter und dritter Versuch schlagen fehl. Das Auto lässt sich nicht starten. Sie sitzen hier fest.

„Na, siehst du? Jetzt ist der Karren auch noch defekt! So ein blöder Zufall aber auch ... Ich sag dir: Wir sind da die Zielscheibe einer voll üblen Aktion. Aber da spiele ich jetzt nicht mehr mit, weil …“,

kontert Melanie erbost.

Die Scheiben und das Innere des Wagens vibrieren, als das durchdringende Knurren wieder ertönt und nur ganz langsam verebbt, bis wieder Stille herrscht. Totenstille. Die beiden blicken aus dem Auto, noch immer ist es von diesem seltsamen Nebel umgeben. Und plötzlich dringt dieser ekelhafte Gestank ins Wageninnere. Melanie schluckt kurz.

„Es reicht, hörst du? Jetzt haben wir diesen Gestank auch noch hier drinnen! Das ... Das muss ich mir wirklich nicht antun … Wer zum Teufel will …“

Die rechte Seitenscheibe leistet kaum Widerstand und zerbricht innerhalb von Sekundenbruchteilen mit einem lauten, dumpfen Knall. Eine riesige, schwarze, haarige Masse drängt sich durch das entstandene Loch, ein gewaltiger Kiefer mit schneeweißen, spitzen Zähnen packt Melanie an der Kehle und zerrt sie in Sekunden mit uferloser und brutaler Kraft in einem furchtbaren Sog aus dem Wagen. Viktoria schreit nur mehr, schreit und schreit ihre Furcht und Panik heraus. Ihre schrille Stimme wirft sich gegen die Frontscheibe, die Armaturen, wie eine große Wunde klafft das Loch des zersplitterten Sicherheitsglases und in derselben Schnelligkeit, mit der dieses grenzenlose Inferno hereingebrochen ist, kehrt nun wieder eine unwirkliche Stille ein.

Von unbändigem Grauen gepackt, fixiert Viktoria den leeren Sitz neben sich, die Blutspritzer, die Scherben. Sie hatte recht. Verdammt noch mal, sie hatte recht. Der Klaushund ist auferstanden, hat Melanie geholt, sie hinausgeschleift in diese entsetzliche, graue Masse.

Nochmals, fast reflexartig, versucht die Studentin den Wagen zu starten. Immer wieder, doch sie schafft es ganz einfach nicht. Sie reißt ihr Smartphone aus der Handtasche auf dem Rücksitz, will den Notruf absetzen, Hilfe holen, will heraus aus diesem Albtraum. Nur noch weg. Doch das Display bleibt schwarz. Schwarz und tot.

Sitzen bleiben, abwarten, warten. Bis er wieder kommt und auch sie holt, der Hund? Als wehrloses Opfer? Nein, ganz gewiss nicht. Das Auto ist eine Todesfalle, auch hier ist sie nicht mehr sicher. Viktoria zieht hastig den Schlüssel ab, hupt mehrmals, sekundenlang, aktiviert die Warnblinkanlage, um von sich und ihrer Flucht abzulenken. Dann wirft sie die Türe auf, tastet sich am Auto vorbei, will hinaus aus diesem Todesnebel, orientiert sich fast geduckt am Asphalt, weil die Sicht es nicht

anders erlaubt, die Schwaden sich an ihren Füßen und Beinen einmal langsam, dann wieder wie wild kräuseln, emporsteigen, zu haften und zu kleben scheinen. Es ist dieser Nebel, der wie ein böser Zauber einfach nicht weichen will. Ein Nebel, der so furchtbar zäh und schwer ist, der sie nicht gehen lassen möchte und in dessen Tiefe irgendwo ein fluchbeladenes Wesen lauert. Ein fleischgewordenes Grauen, das Melanie in den Tod gerissen hat.
Plötzlich, endlich, tauchen Lichter vor ihr auf. Die Rettung. Grell und hell. Schnell, viel zu schnell. Viktoria hat noch nicht einmal mehr die Zeit, ihren Mund aufzureißen, laut zu lachen, ihre grenzenlose Freude hinauszuschreien, Tränen der Erlösung zu weinen. Unfassbar hell wird es, die Stille zerreißt.
Und dann erfasst sie der Wagen.

Langsam durchbricht der Vollmond den Dunst, der narrende, nicht greifbare, undurchsichtige und unüberwindbare Nebel gibt Konturen, verbeultes Blech und den toten Körper frei. Stetig, mehr und mehr fließt und gleitet er auseinander, am Boden, in der Luft und verliert sich schließlich in unruhigen Schwaden und feinen Fäden im Dunkel der Nacht.

Der Klaushund

Vielfache, zum Teil sehr weit ausgesponnene, zum Teil auch verworrene Sagen gehen in der Gegend der geschichtlich so hochberühmten und strategisch wichtigen Ehrenberger Klause und der Burg Ehrenberg, oberhalb Reutte, im Volke um. Und zwar von einem großen schwarzen gespenstigen Pudel, den das Volk aber nur den „Klaushund“ nennt. Viele wollen ihn die Straße ab und auf wie toll rennend erblickt haben; manche schwören, daß er ein Menschengesicht habe und in ihm die verdammte Seele eines Landesverräters wohne, der zur Zeit des Schwedenkrieges den Feinden den Paß verraten und dadurch ein entsetzliches Blutbad veranlaßt habe. Zur Strafe dafür wurde dieser Verräter in einen schwarzen Hund verwandelt, der in gewissen Nächten von der Klause bis zum Arlberg und wieder zurücklaufen muß.

Er kann zwar niemandem schaden, schreckt aber doch die Wanderer furchtbar, und ein Bäuerlein von Rankweil, welches eines Abends noch auf seiner Wiese mähte, hätte bald den Tod davon gehabt, als er den furchtbaren schwarzen Hund mit seinen

Feueraugen erblickte. Dieser Pudel ist noch nicht gebannt und soll auch nicht zu bannen sein.

Deutsche Alpensagen, gesammelt und herausgegeben von Johann Nepomuk Ritter von Alpenburg, Wien 1861, Nr. 146.

Verloren
Imst

Flüsse und Brücken können trennen, können verbinden. Manchmal aber scheint dort auch Raum zu sein für Ereignisse, die in einen Bereich münden, der nicht greifbar, der unerklärbar und unwirklich scheint. Ereignisse, die in eine Grenzwelt führen, in der rastlose Seelen auf ziellosen Wegen wandern, denen es nicht vergönnt ist, die Ruhe des Todes zu finden. Und deshalb kann es mitunter geschehen, dass manche von ihnen sogar wieder zurückkommen, sich im Dunkel der Nacht verlieren und ihren Weg nicht mehr finden.

Es dämmerte bereits, als ich meinen Wagen am Parkplatz abstellte. Nur wenige Fahrzeuge standen dort, was um diese Uhrzeit kaum verwunderlich war, denn die meisten Leute kamen wohl nur tagsüber oder am Wochenende hierher, um über die Hängebrücke zu gehen, hinauf zur Wallfahrtskirche am Locherboden zu wandern oder entlang der Innauen und vielleicht zum Wasserfall hinüber zu spazieren. Letzterer war damals auch immer wieder einmal mein Ziel gewesen, weil ich den speziellen Zauber dieses Ortes auf eine ganz eigene Art einnehmend fand. Verbunden mit dem Rauschen des eisigen Wassers von Inn und Stöttlbach und den unergründlichen Geräuschen des Waldes, der hier im Dunkeln ein völlig anderes Leben zu führen schien, zog mich diese Stätte irgendwie auch an jenem Abend an.

Ich ging durch die Unterführung, stieg die Stufen hinauf. Die Holunderbüsche blühten bereits und verbreiteten – trotz unmittelbarer Nähe zur Autobahn – einen intensiven, angenehmen Geruch. Einige Meter weiter führte mich der Weg bereits auf den „Stamser Steg" und am anderen Flussufer starrte mir der nördliche Pylon der Brücke aus der Dunkelheit stumm und unheimlich mit seinen riesenhaften Augen und dem schmalen, weit aufgerissenen Maul entgegen. Weiter hinten vermischte sich an den herabstürzenden, felsdurchsetzten Wänden duftender, lebendiger Wald mit verwesendem, totem Holz, das in seinen Formen und Schattierungen an Schlangen, Kobolde und entfesselte Gespenster erinnerte. Ich wähnte mich ganz alleine hier, doch bereits nach wenigen Schritten über das wankende Holz wurde mir plötzlich bewusst, dass da vorne, mitten auf der Hängebrücke, eine Gestalt stand.

Sie hielt sich rechts und links am Seil fest, ein wenig unsicher, beugte sich immer wieder ein wenig vor und blickte auf die unter ihr dahinrauschenden, kalten Fluten, die in der hereinbrechenden Finsternis grauschwarz zu glänzen schienen. Ich kam langsam näher und sah, dass es ein äußerst seltsam gekleideter Mann war, der mich nun auch bemerkt hatte und sich jetzt zu mir drehte. Er hatte eine Art Tracht oder Gewand an, wie sie, so schätzte ich, vor etwa zwei, drei Jahrhunderten hier getragen worden war, was mich ziemlich verwunderte. Was zum Teufel trieb der um diese Zeit in so einer Aufmachung auf der Brücke? War da irgendwo ein historisches Fest im Gange? Wurde hier etwa ein Film gedreht, eine Dokumentation?

All diese Fragen überrumpelten mich in diesem Moment. Dennoch ging ich weiter, grüßte den Mann freundlich und wollte eigentlich schon an ihm vorbeigehen, als er sich plötzlich zu mir drehte, mich mit seinem Blick fixierte und flüsterte:

„Gehen Sie hier auch wieder zurück? Hier? Dann sehen Sie sich um Gottes willen vor! Nicht, dass er Sie auch noch holt …"

Etwas verwirrt und zugleich erstaunt blieb ich stehen und starrte in ein schmales, junges Gesicht, das von einem Schnurrbart, aber auch von zahlreichen hässlichen, tiefen Brandnarben geziert wurde. Ich starrte in große, dunkle Augen, aus denen grenzenloses Grauen zu blicken schien. Der Mann deutete kurz mit seiner Hand nach Süden, ließ sie dann wieder sinken und blickte erneut auf den Inn unter unseren Füßen. Dann fing er zu erzählen an:

„Ich möchte Ihnen von einer Begebenheit berichten, die sich unweit von hier, zwischen Stams und Mötz, zugetragen hat. Es ist die Geschichte zweier junger Männer, deren Leben innerhalb kürzester Zeit vom namenlosen Schrecken zerschnitten war. Ihnen saß die kalte Angst im Nacken, denn sie liefen um ihr Leben. Schneller, immer schneller. Es war das blanke Entsetzen, das sie jagte und sie beide bis zu ihrem allerletzten Atemzug begleitete. Bis zum Tode …

Sigmund und Zacharias haben das Haus eines befreundeten Bauern in Stams verlassen und nun führt sie die Straße aus dem Ort hinaus nach Silz in die dunkle, wilde Nacht. Stockfinster ist es, kein Mondschein erhellt die alles verschluckende Schwärze und nur der helle Kies des Weges weist ihnen den Weg nach Westen. Sie schweigen, gehen schnellen Schrittes, sehnen ihr Heimatdorf und seine ersten Häuser, die nur in weiter Ferne schwach aufleuchten, herbei, weil sie die Dunkelheit fürchten.

Da, in diesem Moment dringt eine furchterregende, klagende Stimme an ihr Ohr, laut und markerschütternd:

‚Wohin, wohin?‘

Die beiden Männer erstarren, blicken sich erschrocken an. Wer um alles in der Welt ist um diese Uhrzeit hier noch unterwegs? Was ist das nur für eine Stimme? Mehr aus Verlegenheit heraus rufen sie zurück:

‚Hierher!‘

und gehen zögerlich weiter, werfen aber immer wieder unsichere Blicke in die Richtung, aus der der gespenstische Ruf gedrungen ist. Er muss vom Wald her stammen, der sich nur wenige Gehminuten südlich in die Höhe erhebt. Ganz eindeutig.

Innerhalb weniger Sekunden bricht das nackte Grauen über sie herein. Sie sehen es deutlich: Wie aus heiterem Himmel bewegt sich eine in Flammen stehende unheimliche Gestalt auf sie zu. Rasch und unaufhaltsam. Das pure Entsetzen packt Sigmund und Zacharias, sie beginnen zu laufen, rennen um ihr Leben, weiter und weiter. Immer näher kommt der Waldgeist, lautlos und hell lodernd wie das pure, alles vernichtende Feuer der Hölle verfolgt er die beiden unbarmherzig, lässt nicht ab, streckt seine langen, brennenden Arme nach ihnen aus, ist nur noch wenige Meter entfernt. Die Männer nehmen in ihrer Verzweiflung all ihre Kräfte zusammen, keuchen und stöhnen, laufen gepackt von unsagbarer Furcht. Immer näher rücken die vertrauten Gebäude, es ist nicht mehr weit, bis man ihnen die rettende Türe öffnen und Schutz bieten kann vor diesem unfassbaren Alptraum, der in ihrem Nacken sitzt und dessen feurige Hitze sie nun ganz deutlich spüren. Den grausamen Hauch des Todes.

Geschafft? In Sicherheit? Gleich, gleich sind sie da …

Als sie das erste Haus im Ort fast erreicht haben, trifft beide unerwartet ein harter Schlag am Rücken. Sie straucheln, stürzen schmerzverzerrt auf den Boden, drehen sich um. Jetzt ist es aus, aus und vorbei. Doch ihr Blick trifft auf keinen Feuergeist, auf kein Geschöpf des Teufels mehr. Denn da ist nichts. Nichts. Alles, was bleibt, ist nur die stille Finsternis …

Sie trennen sich in stummem Wahnsinn, schleichen zurück auf ihre Höfe, vertrauen sich niemandem an in dieser Nacht und kriechen starr vor Angst und angeschlagen in ihre Betten. Als sie am nächsten Tag immer wieder zitternd und furchtsam aus unruhigem Schlaf erwachend ihre über den Stuhl am Fußende des Bettes geworfene Jacken ansehen, holt sie der Schrecken der vergangenen Nacht wieder mit einem Male ein. Denn auf dem Kleidungsstück der Männer, dort, wo der Waldgeist sie vermeintlich berührt hat, ist eine riesige Hand eingebrannt. Ihre verzweifelten Versuche, mit einem großen Stück Stoff die verbrannte Stelle zu überdecken, sind vergebens, sie scheitern. Immer und immer wieder löst sich das Tuch und gibt den Blick frei auf diese entsetzliche Botschaft aus der Hölle. Doch da ist noch etwas. Etwas, was Sigmund und Zacharias in wortlosem, in absolutem Grauen erstarren lässt. Denn auf dem Rücken der beiden selbst hat sich die Hand des Feuergeistes schwarz und unauslöschlich eingebrannt …

Das ist die Geschichte, mein Freund. Meine Geschichte. Wir, Sigmund und ich, sind damals diesem Feuergeist begegnet, haben versucht, ihm zu entkommen. Es ist lange her, aber noch immer … “

und mit diesen Worten kam er zwei, drei Schritte auf mich zu,

„… So viele endlose Jahre nach unserem Tod, kann ich einfach nicht vergessen, spüre immer noch diese furchtbare Angst, diesen Schmerz, den ich gefühlt habe, als mich die Hand berührt und sich in mein Fleisch gebrannt hat. Verdammt bin ich, umherzuwandeln im Schatten der Nacht. Auf der Suche nach Erlösung finde ich nur stete Ruhelosigkeit, muss fortwährend berichten von dieser verhängnisvollen Begegnung, die mich auch jetzt im Jenseits nicht loslässt.

Die meisten hören mir nicht zu, gehen einfach weiter. Manche belächeln mich nach den ersten Worten und glauben, einem Schauspiel beizuwohnen. Nur wenige haben Geduld, lassen mich bis zum Ende erzählen.
Sie haben mir zugehört. Dafür danke ich Ihnen aus tiefstem Herzen. Danke! Möge Gott Ihnen beistehen."

Auch ich hielt damals diesen Mann für einen verwirrten Spinner, für einen, der sich verloren hat, der keinen Ausweg mehr findet in seiner Verwirrung. Aber dann, wenige Augenblicke später, stürzten meine Vermutungen zusammen, wusste ich, dass er recht gehabt, mir die Wahrheit gesagt hatte. Denn als er und seine Geschichte sich langsam von mir entfernten, schien er allmählich mit dem kalten, hölzernen Geländer zu verschmelzen, bis er sich schließlich in nichts auflöste.

Und während es allmählich anfing zu regnen, stand ich alleine auf der Brücke.

Der Waldgeist

Unter diesem Namen ist bei Stams im Oberinntal ein nächtlicher Spuk allgemein bekannt, und fast jedes Kind weiß folgende Geschichte, vorzüglich um Mötz herum, zu erzählen. Es gingen einmal zwei junge Bauernknechte von Stams in finsterer Nacht nach dem benachbarten Dorfe Silz, wo sie daheim waren. Sie schlugen den nächsten Fußpfad über die Wiesen ein, welcher bei großen Eichen über den Weiler Staudach vorbei führt, links von der Poststraße, wie jeder Silzer weiß. Kaum waren sie einige Minuten auf dem Wege, so hörten sie eine klägliche Stimme rufen: „Wohin? Wohin?" Die zwei Knechte erschraken und riefen: „Hierher!" und gingen langsam weiter. Aber bald sahen sie eine feurige Gestalt aus dem nahegelegenen Walde heraus und schnellen Schrittes ihnen nahe kommen. Es ergriff sie große Furcht, und sie liefen aus Leibeskräften auf einem Umweg nach Silz zu, der Waldgeist aber lief hinten nach. Sobald sie das Dorf erreicht hatten, bekamen sie vom feurigen Waldgeist jeder einen starken Schlag auf den Rücken, weiter geschah nichts. Am andern Tage sahen beide an den Kleidern die Hand eingebrannt, von der sie den Schlag bekommen hatten. Wenn sie die brandige Stelle ausbessern lassen wollten, so fiel jedesmal das darauf genähte Stück Tuch wieder herunter, und die Hand kam zum Vorschein. Aber auch auf ihrem Rückenfleische blieb die Hand schwarz abgebildet ihre ganze Lebenszeit.

Deutsche Alpensagen, gesammelt und herausgegeben von Johann Nepomuk Ritter von Alpenburg, Wien 1861, Nr. 166.

Hexentanz
Vinschgau

Alois beschleunigte seine Schritte im Bewusstsein, dass er es nicht mehr schaffen, dass ihn die Regenfront einholen würde.

Der Weg hinunter ins Tal, wo sich das glitzernde Band der Etsch den Weg nach Osten suchte, war noch weit, während die dunklen, mächtigen Wolken das Tschenglser Köpfl völlig verschluckt hatten, immer näher rückten und ihn jetzt unerbittlich vor sich herjagten. Unvermittelt war der Sturm aufgekommen, dieser unheilverkündende Vorbote des heranziehenden Unwetters, hatte ihn oben am Berg völlig überrascht und die düsteren Ungetüme am Himmel innerhalb kürzester Zeit herangetrieben und verwegen vor sich aufgetürmt. Eine seltsame, bedrückende Dunkelheit schien sich über den ganzen Vinschgau gelegt zu haben. Doch dieses Mal erschien sie Alois völlig anders. Sie unterschied sich ganz deutlich von jener Atmosphäre, die man sonst fast immer vor solchen Gewittern zu spüren vermochte. Sie war eigenartig, fremd und hatte auf eine unbekannte Weise auch etwas Beängstigendes an sich.
Diese Gedanken gingen Alois durch den Kopf, während er sich weiter abwärtshetzte, den Blick immer wieder hinauf zum Himmel richtend. Weiter, weiter … Sich im Wald bei einem drohenden Unwetter aufzuhalten, wäre unter Umständen lebensgefährlich, weshalb er verzwei-

felt nach einer Möglichkeit suchte, um sich irgendwie in Sicherheit zu bringen.
Eine Sicherheit, die nun unvermutet vor ihm auftauchte. In Sichtweite, am Rande des schmalen Weges, dem er folgte, befand sich eine kleine Hütte, unter deren Vordach ein großgewachsener Mann stand. Er schien den talwärts Kommenden bemerkt zu haben, denn jetzt winkte er und setzte einige Schritte ins Freie hinaus. Inzwischen spuckten die Wolken, unter die sich mittlerweile ein gelblicher Schleier mischte, die ersten Regentropfen aus. Vermutlich würde nun auch noch ein Hagelschauer hereinbrechen.

„Hallo! Hallo! Kommen Sie, schnell! Es wird nicht mehr lange dauern, dann ist hier die verdammte Hölle los! Beeilen Sie sich!"

Alois rannte die letzten Meter bis zum Haus, der warme Wind blies den nun einsetzenden Niederschlag quer in alle Richtungen, zischte und fauchte wie ein wütendes Tier.

„Na, Sie sind vielleicht mutig! Haben sich ja wunderbares Wetter für Ihre Bergtour ausgesucht … Sie sind natürlich unser Gast und … Ja, herzlich willkommen! Ich bin übrigens der Michael! Michl für dich …"

Der hünenhafte Mann mochte um die fünfzig Jahre alt sein, trug einen leicht angegrauten Vollbart, olivgrüne Gummistiefel, eine blaue Arbeitshose sowie ein buntes, weites Hemd, das bis zu den Ellenbogen hinaufgekrempelt war. Er streckte Alois freundlich lächelnd seinen kräftigen Arm zum Handschlag entgegen. Dann ging er voran, öffnete die Türe und geleitete den Wanderer ins Innere der Hütte.

Diese bestand lediglich aus einem großen Raum, in dessen Mitte sich ein wuchtiger Holztisch befand, um den sich mehrere Stühle gruppierten. Großteils waren die Wände bis zur Decke hinauf mit Regalen versehen, in denen Dosen, Schachteln, Lebensmittel, Flaschen und Werkzeuge in einer kaum nachvollziehbaren Ordnung aufbewahrt waren. Die Strahlen der altertümlichen, verstaubten Deckenlampe konnten den Raum nur spärlich erleuchten, versickerten kraftlos, noch bevor sie die düsteren Ecken und Winkel erreichten, irgendwo auf dem Holzboden. Sie verliehen diesen Wänden hier eine düstere Atmosphäre, die durch das Unwetter draußen noch gesteigert wurde. Trotzdem war Alois froh, ein Dach über dem Kopf gefunden zu haben und setzte sich auf den ihm angebotenen Stuhl. Seine Wanderjacke zog er aus und breitete sie über die Rücklehne, damit sie ein wenig trocknen konnte.

„Bist du durstig? Möchtest du einen heißen Tee? Übrigens kommst du genau richtig! Goldrichtig!“,

warf sein Gastgeber in den Raum, ohne eine Antwort abzuwarten, denn er goss mit einer kleinen Kelle hochkonzentriert eine rötliche Flüssigkeit in eine Tasse und reichte sie dem Besucher. Dann schien er intensiv damit beschäftigt, einige Einrichtungsgegenstände wegzuräumen, wobei er leise vor sich hin pfiff. In der Zwischenzeit hörte man nun ganz deutlich die Regentropfen auf das Dach prallen, heftig und in kurzen Abständen. Immer stärker wurde das Geräusch.

„Ja, war vermutlich eine Art glückliche Fügung, dass ich es noch trockenen Fußes bis hierher geschafft habe …"

„Na, das meine ich natürlich auch. Ein wahrer Segen. Aber vielmehr geht es noch um eine ganz, ganz andere Sache, verstehst du?"

„Eine andere Sache?"

„Dich schickt wirklich der Himmel, in einer wahrhaft seltsamen Anwandlung! Wir … wir benötigen nämlich deine Hilfe …"

Etwas verwundert schaute Alois Michael an und schwenkte die Teetasse in den Händen, als plötzlich ein lautes Geräusch am Fenster zu hören war. Ein Hagelkorn war an die Scheibe geprallt und nun zog ein unwirklicher, gelblich-weißer Schleier draußen am Fenster vorbei. Michael hielt in seiner Arbeit inne, hob seinen Kopf kurz hoch und schien nun das Geschehen draußen hochkonzentriert zu beobachten.

„Faszinierend! Wild, ungebändigt, losgelöst von sämtlichen Gesetzmäßigkeiten schert sich das Unwetter um nichts, treibt über das ganze Land, scheint keine Hindernisse zu kennen. Geht und kommt, wann immer es will, tost, lärmt, peitscht, setzt sich unbekümmert über die Gewalten hinweg und lässt die Menschen aus den Städten und modernen Häusern zittern, sich in ihren Wänden schutzsuchend verschanzen, weil sie schlicht überfordert sind von dieser Wucht. Weil sie vergessen haben, was es heißt, der entfesselten Natur Auge in Auge gegenüberzustehen. Einer puren, urwüchsigen Stärke! Und wehe, wenn die Natur sich wieder ihr ursprüngliches Recht mit harter Hand verschafft … Dann erstarren sie alle, diese hilflosen und elenden Kreaturen, im Schock, im Mitleid und können es nicht fassen, mit welchen Mächten sie es hier zu tun haben …“

Michaels Stimme war während dieses seltsamen Monologs immer schriller, aggressiver geworden. Ganz abrupt schien sie nun wieder in ihre gewöhnliche Tonlage zurückzufallen, klang fast sanft.

„Aber entschuldige mich, ich … Ich bin abgeschweift … Wie unhöflich von mir. Ja, tatsächlich, es ist wirklich so, dass wir deine Hilfe benötigen!“

„Wobei soll ich helfen, Michael?“

In diesem Moment öffnete sich die Türe und eine Frau mittleren Alters, eine stark verschmutzte Schürze tragend, betrat die Hütte. Sie hatte einige Holzscheite unter ihren linken Arm gepresst und erstarrte kurz und sichtlich überrascht, als sie Alois sah. Dann fasste sie sich wieder, ihr Mund verzog sich zu einem zufriedenen Lächeln und sie fixierte Alois mit unheimlichen, dunklen Augen. Mehrere schier endlose Sekunden lang.

„Aha! Das Wetter hat uns also einen unvermuteten Gast beschert! Gut, sehr gut, mein Lieber! Dann lass uns keine Zeit verlieren."

Noch bevor Alois verstand, was um ihn herum geschah, rannte Michael vors Haus, um wenige Augenblicke später wieder zurückzukommen. Der unheimliche Hagel war zwar weitergezogen, doch nun regnete es in Strömen und ein kühler Luftstoß drang blitzschnell in die Hütte. Michael knallte die Türe zu und hielt jetzt eine mächtige Heugabel in der Hand, kam mit schnellen Schritten auf seinen Gast zu und drückte diesem die spitzen Enden an Kehle und Brust. Seine Züge hatten sich nun wild verzerrt, das Gesicht wirkte wie verwandelt, gleich einer grotesken, furchtbaren Maske.

„Ja, wir werden tatsächlich keine Zeit verlieren. Es ist gut! Er kommt uns jetzt nicht mehr aus. Mach schnell das Feuer an, Schatz!"

Und während die Frau unverzüglich und mit geschickten Händen trockenes Holz im Ofen anordnete und anzündete, wandte sich der Gastgeber mit flüsternder, bebender Stimme an den bis ins Mark erschrockenen Alois, der sich immer noch im Angesicht der unheilvollen Stahlspitzen sah.

„Heute ... Heute wird sie endlich wieder auferstehen! Heute ist es so weit! Mit deinem Zutun! Denn es sind drei Zeugen, die es braucht, um ihr zu neuem Leben zu verhelfen, sie dem grausamen Dunkel der Vergangenheit und Vergessenheit zu entreißen ...“

„W... wer ist sie? Und was ... wollt ihr wirklich von mir?“,

stieß Alois mit trockener Kehle krächzend hervor.

„Sie ist die Hexe von Tschengls. Sie hat lange genug gewartet im tristen Schatten ihrer eigenen Sage, ihrer Taten, ihres Tuns. Aber jede Geduld hat ihr Ende. Und dieses Ende ist jetzt gekommen. Noch diese Nacht wird sie nach all der langen Zeit endlich wiederkehren und ihre zerstörerischen Kräfte wirken lassen, ihre Zaubermächte einsetzen können. Im Hier und Jetzt! Gedulde dich nur ein wenig und überzeuge dich selbst, mit welch zerstörerischer Gabe sie hinziehen und die Menschen erneut das Fürchten lehren wird. Bald ... bald geschieht es wahrhaftig!“

Michael starrte zufrieden nickend hinüber zu seiner Frau, die nun anfing, Kerzen in einem Kreis inmitten der Stube aufzustellen. Dazu murmelte sie kaum verständliche Wörter, wiederholte sie immer und immer wieder mit starrem Blick. Das Feuer hinter ihr prasselte, züngelte, knackte laut, zerriss die kurze Gesprächspause, die nun entstanden war.

Alois konnte es nicht glauben, was sich hier abspielte. Das war doch gänzlich unmöglich! Ein, zwei Gehstunden von hier entfernt lag das blühende, grüne Tal mit seinen malerischen Ortschaften, Obstbäumen, der Vinschgerbahn, während hier oben, inmitten eines tobenden Unwetters ein offensichtlich längst begraben gewähnter Aberglaube sein neues, hässliches Gesicht zeigte …
Natürlich hatte er als Kind schon einmal von der Hexe und ihren derben Streichen gehört, die alten Sagen der Region gelesen, wusste zumindest oberflächlich von Hexenverfolgungen und -prozessen im Tiroler Raum. Aber Zeuge der Auferweckung einer dieser Erzählungen zu werden …
Er musste hier weg. Unbedingt und auf der Stelle. Fort aus den Fängen dieser beiden Wahnsinnigen. Und wahrscheinlich gab es nur eine kleine Chance, eine einzige.

„Wir haben sehr genau recherchiert, versucht, alle Informationen über die Hexe zusammenzutragen, uns hier vor Monaten eingemietet, damit in Ruhe alle Vorbereitungen getroffen werden konnten.
In unserem Heimattal sind auch wir, meine Frau und ich, Außenseiter gewesen. Unser ganzes bisheriges Leben lang mussten wir unter den Nachbarn leiden, der gesamten Dorfgemeinde. Verspottet, gehänselt, weil wir uns nicht dem Lauf der Zeit gebeugt und jede Veränderung mitgemacht haben. Weil wir so bleiben und leben wollten, wie wir es uns vorstellten. Das haben wir mit der Hexe gemeinsam, denn auch sie war eine, die die Rohheit der Gesellschaft zu spüren bekommen hat.

Verlassen vom Vater, weggelegt von der Mutter, vor den Eingang eines Wirtshauses, kaum geduldet, der Bettelei und dem Elend preisgegeben. Irgendwann ist in ihr all das Gute gestorben und sie hat sich gerächt an den Menschen, die …"

Alois nutzte wieder den erhofften Blickkontakt zwischen dem Ehepaar, ließ sich mit dem Stuhl nach hinten fallen und stieß gleichzeitig den Tisch mit den Füßen nach oben, genau auf die Brust des immer noch vor ihm stehenden Michaels, der überrascht und laut aufschrie, um gegen das Wandregal hinter sich zu stoßen. Diese Gelegenheit musste Alois nutzen!
Er rappelte sich vom Boden auf, stürzte an der verdutzten Frau und ihren Kerzen vorbei und riss die Türe auf. Hinaus, hinaus, schnell! Ein Sprung über die Stufen vor der Hütte und binnen weniger Sekunden sah sich der Flüchtende dem immer noch wütenden Starkregen ausgesetzt. Der unangenehm aufgeweichte Boden zeigte sich tückisch glatt und erschwerte Alois das Laufen, den Weg hinab ins rettende Tal. In seinem Rücken hörte er die gellenden Schreie Michaels, der ihm wutentbrannt nachrief:

„Du Elender, du! Wir kriegen dich! Verlass dich darauf! Wir kriegen dich! Wir werden dich holen!"

Gehetzt, nur mehr mechanisch einen Fuß vor den anderen setzend, rannte Alois immer weiter, ohne sich umzudrehen. Fort aus dem Dunstkreis dieser Verrückten und ihrem irrwitzigen Plan, fort aus dieser furchtbaren Hütte und den flackernden Kerzen des Grauens, die dort die Ankunft einer Hexe erhellen sollten. Fort aus dieser Welt des Wahnsinns, weiter, weiter, immer schneller, konzentriert, Wurzeln und Steinen ausweichend, völlig durchnässt bis auf die Knochen. Nicht umdrehen, nicht innehalten, laufen, sich in Sicherheit bringen, auf den Weg achten, gegen die immer stärker aufkommende Erschöpfung ankämpfen. Nicht umdrehen, nicht innehalten, sich …

Licht, Geräusche, von irgendwoher. Langsam versuchte er, seine Augen zu öffnen, sich zu bewegen, doch ein dumpfer Schmerz zog sich von der rechten Schulter den ganzen Arm hinunter, ließ ihn kurz und erstickt aufschreien, während sein verschwommener Blick allmählich klarer wurde und er sich wieder orientieren konnte. Vorsichtig drehte er seinen Kopf, nahm seine Umgebung in Augenschein. Wieder prasselte Regen, verweht von immer wiederkehrenden Windböen, gegen das Fenster. Die Erinnerung kam sofort zurück. Doch dieses Mal befand er sich nicht in der Hütte im Wald. Alois lag in einem Bett. In einem Bett des Krankenhauses Schlanders. Alleine. Einem unfassbaren Albtraum entkommen, der plötzlich so weit zurückzuliegen schien. Da öffnete sich die Türe.

„Herr Mühlbacher! Ja, was machen Sie mir denn für Sachen? Wie geht es Ihnen denn?“

Noch bevor Alois etwas erwidern konnte, kam die Krankenschwester näher und blieb einige Meter vor dem Bett stehen. Eine junge, mollige Frau mit einem gewinnenden Lächeln, die nun die Hände faltete.

„Gott sei's gedankt! Sie haben einen ordentlichen Schutzengel gehabt! Wenn nicht die Männer wegen der Vermurung hinauf zur Bergstraße gefahren wären, hätte das schlimm für Sie enden können. Sie müssen auf dem Weg ins Tal irgendwo gestürzt sein, über einen Abhang hinunter. Durch Ihr hellrotes T-Shirt ist man auf Sie aufmerksam geworden … Ja, haben Sie denn bei diesem Wetter keine Jacke dabeigehabt? Ein richtiger Berggeher nimmt doch so etwas mit …"

Sie schüttelte verständnislos den Kopf, verschränkte die Arme kurz vorwurfsvoll, um dann zum Fenster zu deuten.

„Schauen Sie hinaus! Unglaublich! Es regnet immer noch! So ein Unwetter hat es seit Jahrzehnten im ganzen Vinschgau nicht mehr gegeben. Sogar ältere Bewohnerinnen und Bewohner können sich an ein derartiges, so ungewöhnliches Ereignis nicht mehr erinnern. Man hat zahlreiche Beschädigungen aufgrund von Wind, Blitzschlag und Muren verzeichnet. Die reinste Katastrophe … Es ist wirklich unglaublich, mit welcher Intensität diese Gewitterfront da über uns gezogen ist. Und immer noch ist kein Ende des Niederschlags abzusehen. Im

Bereich der Tschenglser Hochwand hat es massive Bergstürze gegeben, dessen Ausmaß sich kein Experte erklären kann. Man steht vor einem Rätsel … Ja, wie gesagt: Gott sei Dank hat man zumindest Sie gefunden. Seit gestern gilt nämlich ein weiterer Wanderer dort oben als vermisst …"

Hatte der erschöpfte Alois bislang noch keine Möglichkeit gefunden, auch nur irgendwie zu antworten, jagte mit einem Male ein eisiger Schauer durch seinen geschwächten Körper.

„Wie bitte? Was sagen Sie? Ein weiterer …?"

„Laut seinen Angehörigen war der Mann im selben Gebiet wie Sie unterwegs. Furchtbar, diese Ungewissheit …"

Wirre, furchtbare Gedanken durchzuckten Alois, schienen ihn völlig zu lähmen. Er versuchte vergeblich, gegen sie anzukämpfen, weil es ganz einfach nicht sein durfte. Auf gar keinen Fall. Die Hütte. Die Kerzen. Die Hexe …

„Immerhin hat man sich ja schon nach Ihnen erkundigt. In der heutigen Zeit ist das nicht selbstverständlich. Mehr und mehr Menschen leben allein, zurückgezogen. Keine Freundschaften oder Kontakte … Traurig …"

Diese Worte rissen Alois unvermittelt zurück. Verständnislos blickte er die Krankenschwester an. Seine Kehle fühlte sich wieder wie ausgetrocknet an. Wie gestern. Wie in der Hütte.

„Moment! Sie sagen, jemand hat nach mir gefragt? Aber, das … Das ist völlig unmöglich. Niemand wusste von meiner Bergtour, meinem Vorhaben …“

Die Frau kam erneut ein paar Schritte näher, bis sie direkt am Bett des Patienten stand und wieder lächelte. Ein Lächeln, das Alois nun zutiefst beunruhigte.

„So eine nette Frau, aber so gebrechlich. Dass sie in diesem Alter zu Fuß unterwegs ist, noch dazu bei diesem Wetter … Wirklich sagenhaft, das muss ich zugeben. Sie wartet draußen vor der Türe und lässt Ihnen … Also, wie das funktionieren soll, muss sie mir erst noch erklären … Sie lässt Ihnen nämlich ausrichten, dass sie Sie … holen wird …“

Die Hexe von Tschengls

In Tschengls lebte einst eine weitum gefürchtete Hexe. War auch der Himmel glashell und kein kreuzergroßes Wölklein daran, so kam doch gewiß binnen mehreren Minuten ein schreckliches Ungewitter, wenn die Alte mit ihrem breitkrempigen Hut geschäftig dem Berg zueilte. Dann sah man sie oft auf einem Bock den Hagelwolken voranreiten oder in Gesellschaft von anderen ihres Gelichters die Wolken mit Ofengabeln vom Joche herausschieben. Läutete dann irgendeine hexenfeindliche Glocke, so hörte man ihr Zähneknirschen und Schelten; wenn aber der Mesner das Wetterläuten versäumte, so konnte man zwischen dem Klappern der Hagelsteine deutlich ihr schadenfrohes Gelächter vernehmen. Schmolzen die Schloßen, so fand man Haare von ihr darin eingefroren und Federchen, welche sie den armen Vögelein ausrupfte, um ihre Eisknäuel daraus zu winden.

Am Tage nach einem von ihr herbeigeführten Gewitter war sie geschäftig, vom Hagel zerschlagene Kräuter einzusammeln. Erblickte sie dann jemanden, der über die verwüsteten Saaten trauerte, so schmunzelte sie und machte sich aus dem Staube. Allein nicht bloß an dem Wetter, sondern auch in vielen andern Dingen übte sie ihre Zauberkunst. Bald hatte eine Stalldirn Blut anstatt Milch in der Melter, bald war das Vieh fest an der Erde angefroren und glotzte wehmütig die Umstehenden an, bald brachte man mit dem eifrigsten Kübeltreiben keine Butter zustande, bald waren dem Vieh die Ketten abgenommen, und es lief brüllend und muhend im Stalle herum, als ob die Wölfe darein gekommen wären. Einmal, als sie wieder in einem Stall Spektakel anfangen wollte, wurde sie bemerkt und in aller Eile sperrte man Tür und Fenster zu. An allen Ecken wurden Wachen aufgestellt und dem Gerichte sogleich die Gefangennehmung der Hexe angezeigt. Aber als der Gerichtsdiener kam und der Bauer den Stall öffnete, da war trotz allen Zusperrens und Bewachens die Alte verschwunden.

Wenn die Schafe auf der Weide waren und der Hirt sie abends zusammentrieb, so fuhr ein wildes Tier oder gar ein feuriges Rad mitten in die Herde und jagte die Tiere hierhin und dorthin, so daß der Hirt gute Arbeit hatte, bis alle Stücke wieder beisammen waren. Bisweilen besuchte sie Viehalmen, und jeder Besuch hatte üble Folgen. Bald machte sie das Vieh aufgebläht, bald zerstreute sie es im Gebirge, bald trieb der Senn den Butterkübel umsonst, bald hatte er Unglück beim Käsen, bald konnte der Melker von ungefähr vierzig Kühen nur ein Seidel Milch kriegen, kurzum: bald verhexte sie hier etwas, bald dort.

Ein Senn wurde dieser Geschichten bald überdrüssig und fragte erfahrene Leute, was da zu tun sei. Man riet ihm, er solle ein Seidel Milch ins Feuer werfen, und wenn dann eine Alte komme, so solle er ihr ein Geschenk nicht verweigern, aber zugleich nicht vergessen, einen Besen auf den Stiel hinter die Tür zu stellen. Nach einigen Tagen kam richtig die Alte mit einem verbrannten und verbundenen Kopf und stellte sich vor den Senner, so daß er wohl merkte, sie werde etwas haben wollen. Er stellte aber zuerst den Besen umgekehrt hinter die Tür und gab ihr erst dann ein Almosen. Als sie ihre Sache hatte, sagte er „Wohlaufleben" und hieß sie fortgehen. Sie entschuldigte sich aber und sagte, es sei ihr unmöglich wegzukommen, solange der Besen umgekehrt hinter der Tür stehe. Hieran erkannte der Senner die Hexe, ließ sie gehen und verbat sich für die Zukunft ihre Besuche. Sie war froh, daß sie dieses Mal wegkam und ließ sich auch wirklich nicht wieder sehen.

Auch die Fuhrleute hatten viel von ihr auszustehen. Kam ein mit Wein beladener Wagen durch ihr Revier, so zapfte sie mittels eines Einschnittes in den nächstbesten Baum das kostbarste Fäßchen an, und der Fuhrmann kam mit dem leeren Geschirr nach Hause, indes sich die Alte des süßen Weines freute, der aus dem Baume quoll. Kam ein Wagen mit Schmalz, so machte sie ein Loch in die Erde und hob aus demselben das Schmalz eines Kübels heraus.

Wenn sie durch ein Dorf ging und ein Körblein am Arme trug, so flogen die Hennen ins Körblein und legten dort ihre Eier. Schlachtete man irgendwo ein Schwein und die Alte ging vorbei, so sprang das geschlachtete Vieh noch aus dem Brühzuber heraus und lief der Hexe nach. Kaufte sie in einem Laden etwas, so verwandelte sich das schöne, reine Geld, das sie ausgab, in lauter Baumblätter; begegnete sie unterwegs einem Kinde, so maß sie es mit ihren Spannen ab und das Kind wurde von nun an allnächtlich von der Trude gedrückt. In der Kirche sprengte sie sich das Weihwasser über die Achsel, anstatt auf die Stirne und bei der Wandlung schaute sie immer seitwärts.

Daß die Leute dieser Geschichten nach und nach überdrüssig wurden, versteht sich von selber. Man war also darauf bedacht, ihrer habhaft zu werden und sie dem Gericht zu überliefern.

Man fand eines Tages gute Gelegenheit, und sie ließ sich ohne alle Widerrede fangen. Lachend ging sie eine Strecke mit, aber auf einmal gab sie jedem ihrer Begleiter eine Ohrfeige, daß er die Sterne beim hellen Tage sehen konnte. Die Hexe lief in Gestalt eines Hasen davon, und die andern hatten an ihrer Statt ein Strohbündel in Händen. (Bei Tschengels.)

Zingerle, Ignaz Vinzenz, Sagen aus Tirol, 2. Auflage, Innsbruck 1891, Nr. 802, S. 466.

Totenstein
Burggrafenamt

Ich habe lange überlegt, ob ich dich damit überhaupt behelligen, um deinen Rat fragen soll … Aber irgendjemandem muss ich mich ganz einfach anvertrauen, verstehst du? Jemandem, der mich nicht gleich für verrückt hält, der mir zuhört. Der unter Umständen eine … eine ganz normale Erklärung für diese Vorgänge hat …

Er sitzt in einem Café in Meran. Von irgendwoher dringt leise Klaviermusik, die sich samtweich den Weg durch die schwüle Abenddämmerung sucht und in der Passer zu verlieren scheint. Entlang des Flusses lassen sich Frauen und Männer, Junge und Alte bis hin an die Grenze der Nacht treiben, berauschen sich an der Finsternis, bauen ihre Hoffnungen in sie hinein, wünschen, verwünschen. Es ist eine Nacht, in der sich manches erfüllen und vieles wahr werden wird. Und es ist auch eine Nacht, die die Sünde unbarmherzig bestraft.

„Irgendetwas sickert allmählich in mein Leben. Etwas zutiefst Beunruhigendes. Vor einer Woche hat es begonnen. Vor genau einer Woche … Du kennst doch den Garten hinter meinem Haus und weißt vermutlich auch, dass ich mir nie wirklich sehr viel aus Pflanzen, geschweige denn aus einer entsprechenden Pflege gemacht habe. Darum hat sich all die Jahrzehnte meine Frau gekümmert in der ihr eigenen, aufopferungsvollen Art. Liebevoll, kreativ, manchmal vielleicht fast schon ein wenig besessen … Blumen, Kräuter, Obst, Hecken und Bäume, die Erde unter ihren Fingernägeln, das zufriedene Lächeln in ihrem Gesicht ... So lange Zeit ...“

Kurz schweigt Gebhard, lächelt selbst kurz. Doch es ist ein trauriges Lächeln, das schnell wieder verschwindet. Er trinkt einen großen Schluck aus seinem Glas, stellt es wieder auf den Tisch und scheint die rubinrote Flüssigkeit, die wieder langsam zur Ruhe kommt, zu fixieren. Seine Hand zittert.

„Mit Marthas Tod vor gut einem Jahr hat man mir alles genommen. Ein eisiger Schatten hat sich über mich gelegt und wollte nicht mehr vergehen, weil sie mir still und heimlich entglitten ist. Ich habe zu spät bemerkt, dass es Zeit für sie wurde zu gehen. Ich ließ mich von anderen Dingen, von meiner Sucht, in die ich geflüchtet war, ablenken. Ich habe damit einen schweren Fehler begangen, der sich unauslöschlich in meine Seele gekerbt hat. Bis in alle Ewigkeit.
Dieser Garten war, wie du dir sicher vorstellen kannst, zu dieser Zeit wirklich das Letzte, worüber ich mir den Kopf zerbrechen wollte. Rasen mähen, gießen, pflanzen, pflegen. Mein Gott! Wozu ein solcher Aufwand? Wozu? Um mich abzulenken? Auf andere Gedanken zu bringen? Vielleicht, vielleicht aber doch nicht … Denn dann habe ich mir alte Fotos angesehen. Aufnahmen, auf denen sie ihre Lieblingskräuter erntet, am Beet sitzt, vorsichtig zupft, die Blätter langsam zwischen ihren Fingern reibt

und daran riecht, dabei lächelt und sich dieses Lächeln in ihren Augen widerspiegelt. Ein Zauber. Sie fehlt mir immer noch. So sehr …

An jedem Morgen wache ich auf und weiß, dass niemand mehr meine Frau je zurückbringen wird, dass jeder neue Tag, jede neue Nacht alles nur noch verschlimmert, mich am nächsten Morgen spottend und noch ratloser und entmutigter zurücklässt. Und so habe ich vor kurzem begonnen, diesen von ihr so geliebten Garten anzugehen, ihr Werk vielleicht ein wenig fortzusetzen.

Viel ist in der Zwischenzeit völlig untergegangen im uferlosen Grün, ist verwildert, überwuchert, vor allem im obersten, etwas unwegsamen Teil, der gesäumt durch einen zugewachsenen Zaun die Grundstücksgrenze bildet. Er liegt die meiste Zeit im ruhigen, kühlen Schatten, ein Stück weit hinter den Apfelbäumen und wurde eigentlich, auch von Martha, überhaupt nicht genutzt. Bei meinen Arbeiten habe ich in einem dieser verlassenen Winkel vergangene Woche einen großen, moosbewachsenen Stein entdeckt, der mich über die Maßen gestört hat. Eine schöne, gerade Fläche wollte ich hier gestalten und dabei alles entfernen, was für mich nicht hierher passte.

Nach einigem Hin und Her schaffte ich es schließlich, den Stein mit grobem Werkzeug aus dem Erdreich zu schälen. Er rollte einige Meter abwärts, blieb liegen und ich bewegte ihn zur Einfahrt des Hauses, wo ich ihn zusammen mit allerlei anderem Unrat irgendwann abtransportieren wollte …“

Gebhard beugte sich ein wenig vor, starrte auf das Weinglas. Etwas in seinem Ausdruck hatte sich geändert.

„Manche Wunden der Vergangenheit heilen mitunter schlecht, verkrusten zaghaft, lassen unübersehbare Narben zurück, die irgendwann wieder aufreißen können. Im Hier, im Jetzt. Und möglicherweise ist genau das nun geschehen.
Ich meine damit nicht die Erinnerung an meine Frau. Nein, ich meine rastlose Seelen, die zu Lebzeiten gesündigt haben und nun auf spitzen Scherben im Jenseits umhergehen müssen.
Man erzählt sich, dass ein Bauer aus dieser Gegend einst einen Grenzstein zu Unrecht versetzt habe. Diese Tat hat ihn noch im Tode festgehalten, denn er musste ihn als Gespenst mit sich tragen, ohne das Wissen, wo genau er diesen absetzen konnte, denn das Überschreiten hin ins kalte Totenreich hatte sein Gedächtnis erlöschen lassen. So irrte er durch das Dunkel der Nacht, verdammt dazu, den Stein zu schleppen als Zeichen seiner Sünde.
Diese Geschichte nennt uns jedoch einen Bauern, der den Geist erlöste, ihm seinen Frieden gab, indem dieser im Namen Gottes die schwere Last einfach auf den Boden stellen sollte. Seit dieser Zeit soll der Verfluchte nie wieder gesehen worden sein und endlich die ewige, so lang ersehnte Ruhe gefunden haben.
Doch ich … Ich weiß es besser. Oh ja, ich weiß, dass es dieser Stein war, den ich in meinem Garten gefunden, bewegt, den ich weggestoßen und damit den Toten auferweckt habe. Das alte Unrecht unwissentlich wieder

auferstehen ließ. Nicht ungestraft, nein, nein, keineswegs, denn der Sünder hat sich gemeldet aus dem Schattenreich. Zurückgekommen ist er von dort, um Rechenschaft von mir zu verlangen, mich zu stellen, den Stein wieder dorthin zu bringen, wo er hingehört.
Du glaubst mir nicht, stimmt's? Ich sehe es dir doch an, dass du zweifelst …
Aber du wirst es selbst feststellen. Weil du mitkommen wirst, um dich überzeugen zu lassen. Du wirst ihn hören. Seine Botschaft, die er mit eisiger Stimme in mein Ohr flüstert. Er fordert sein Recht, unerbittlich, greift aus dem Grab mit seiner modrigen Hand nach mir.

„Leg den Stein zurück, leg den Stein zurück!"

Das sind die Worte eines auferstandenen Frevlers. Worte, die ich jede verdammte Nacht höre, die mich erbarmungslos verfolgen. Unaufhörlich jagen sie mich durch verstörende, zermürbende Träume, die in die längst vergangene Vergangenheit gehen, mich in seine Zeit zurückversetzen und schweißüberströmt zurücklassen. Noch im Schlaf spüre ich die feuchte, kalte Oberfläche des Steins, hart und abgeschliffen vom Lauf unzähliger Jahreszeiten.
Komm mit mir und höre auch du die Stimme … Du kommst doch mit, oder? Ich weiß, dass du mich nicht im Stich lässt … Komm!"

Gebhard bezahlt, steht auf, fährt durch die Nacht über die Etsch weiter durch das Tal nach Süden, weiter nach

Hause. Noch immer begleitet ihn die Klaviermusik aus der Stadt, scheinen die Stimmen und Lichter an ihm zu haften.
Er weiß, dass seine Zeit nun gekommen ist. Heute wird er seiner Frau folgen, selbst erlöst werden. Daran kann es keinen Zweifel mehr geben. Gewiss.
Dann stellt er den Wagen ab, betritt sein Grundstück, atmet den sanften Wind ein, der die Dunkelheit durchschneidet. Langsam dreht er sich um, schaut nach allen Seiten. Still ist es rund um das Haus, totenstill. Dunkles, massives, wettergegerbtes Holz von der allmächtigen Zeit geformt, jahrhundertealter Stein, altes Mauerwerk wie Mosaik. Sein Freund ist noch nicht gekommen. Aber warum lässt er sich so viel Zeit? Er muss doch wissen, dass seine Hilfe, seine Anwesenheit hier benötigt wird …
Nur noch wenige Schritte sind es bis zur Türe, die sich zu einem düsteren Vorraum hin öffnet. Er hört den dumpfen Klang der Holzdielen. Dann schaltet er das Licht ein, nimmt den Telefonhörer ab, wählt eine Nummer, wählt mehrmals, verzweifelt und vergebens.
Es sind stets ergebnislose Versuche, die im Nichts enden. Er wird seinen Freund nicht erreichen. Niemals. Weil es keinen Freund gibt, nie einen gegeben hat. Nicht vor und nicht nach dem Tod seiner Frau, nicht im Café an der Promenade. Man wird sich dort erinnern an einen zerstreuten Mann, der in jener Sommernacht wirres Zeug geredet, mit einer imaginären Person gesprochen hat.
Man wird feststellen, dass keine der Nummern, die von ihm gewählt wurden, jemals vergeben waren.

Man wird erzählen, dass ihn seine jahrelange Trinkerei schon lange in eine dunkle Ecke getrieben, er hinter einem verschwommenen Vorhang erst viel zu spät die Krankheit seiner Frau registriert und ihn diese Schuld in letzter Konsequenz in den Wahnsinn geführt hat.
Er fühlt, wie die Sünde der Sucht an ihm klebt und sich nicht abstreifen lässt. Aber heute, heute wird der Gerechtigkeit Genüge getan, denn er hört es wieder, das Flüstern des Anderen, der nun neben ihm zu stehen scheint, nah, so nah, dass er ihn fast zu spüren meint. Ein Flüstern aus einer anderen Welt, welches ihm mitteilt, dass die Zeit gekommen ist und er ihm nun folgen wird in die Schattenwelt.
Allmählich wird es wieder dunkler, wird die Helligkeit im Vorraum verschluckt, rücken Musik, Lichter und Stimmen der Nacht sanft mehr und mehr in den Hintergrund, bis der Gerechtigkeit Genüge getan wird …

Wo soll ich ihn hintun?

Ein Bauer zu Tisens hatte durch Versetzung des Marksteines seinen Wald vergrößert und nahm dieses Unrecht mit ins Grab. Ging nun jemand bei Nacht durch den Wald, so hörte er ächzen und keuchen, als ob jemand an einer schweren Last trüge. Hie und da sah einer auch den Mann mit einem schweren Stein auf der Schulter. „Wo soll ich ihn hintun?“, fragte er traurig. Einmal begegnete ihm ein Bauer, und als der Geist auch an ihn die Frage richtete, sagte der Bauer keck: „Dummer Kerl, stell den Stein in Gottes Namen nieder!“ Der Geist warf den Stein freudig auf den Boden und verschwand. Er war erlöst.

Heyl, Johann Adolf, Volkssagen, Bräuche und Meinungen aus Tirol, Brixen 1897, S. 464.

Nachtwanderung
Bozen / Salten / Schlern

Sie ließen die Ortstafel von Oberinn, die linker Hand neben der Leitschiene emporragte, hinter sich. Es begann allmählich immer stärker zu schneien, bis dicke Flocken in einem gewaltigen, einem ungebändigten Schauer unablässig durch die kalte Winternacht tanzten. Wie ein unheimlicher, stummer Geisterzug, einer nach dem anderen, marschierten die Männer mit ihren Fackeln bergauf, bis die Straße auf Höhe der Bushaltestelle wieder abwärtsführte und langsam unter der weißen Decke zu verschwinden begann. Der Rückweg würde bei diesem dichten Schneetreiben mit Sicherheit beschwerlicher ausfallen, denn um diese Uhrzeit war weiß Gott nicht mehr mit dem Einsatz eines Räumfahrzeuges zu rechnen.
Es war nicht mehr weit und Minuten später erhob sich der Wald zur Rechten der Gruppe, die völlig alleine durch dieses unwirkliche Szenario vor sich hinschritt, während der Hauch jedes Einzelnen gespenstisch vom unruhigen, zitternden und zerrissenen Licht der Fackeln erhellt wurde. Niemand, keine Menschenseele war jetzt noch unterwegs und nun tauchten die Männer Meter für Meter in das Waldstück ein, durch das die Straße führte. Obwohl sie nur wenige Schritte gemacht hatten, ragten die Bäume jetzt mit einem Mal wie eine unüberwindbare Mauer auf beiden Seiten auf. Eine schwarze, schreckliche Wand, jegliche Bewegung verhüllend.

Die Sicht wurde durch den dichten Schneefall immer schlechter und verschluckte jedes Geräusch.

Der Anführer der Männer blieb mit einem Male stehen, streckte beide Arme aus und hieß damit die ihm Nachfolgenden anzuhalten. Ein paar Augenblicke hielt er so inne, dann ging er langsam und stumm von einem zum anderen, leuchtete mit seiner Fackel vor das ins unruhige Licht getauchte Gesicht eines jeden, der in dieser Nacht aufgebrochen war, sich auf den Weg gemacht hatte, um von dieser unheimlichen Geschichte zu erfahren. Von diesem Mann, den sie im Gasthaus kennen gelernt hatten, der sie zu jener Stelle führen und über das Grauen in einer Nacht fern dieser Zeit berichten wollte.

„Hier, hier könnte es gewesen sein. Die Stelle, an der einst in einer Winternacht ein Unglücklicher auf schauderhafte Weise sein Leben lassen musste. Einem Weber aus Bozen, von dem die Sage berichtet, dass er noch bis spät in den Abend bei einem Wirt in Wangen saß, zusammen mit anderen bei ein paar Gläsern Wein. Man empfahl ihm, doch im Hause zu übernachten … Ebenso riet man ihm ab, warnte eindringlich, um diese Zeit noch aufzubrechen, weil es ihn auf dem Weg nach Oberinn hinaus in den Schnee durch den „Schatten“, diesen finsteren Teil des Waldes, führen würde und es dort nicht geheuer sei. Aber er war unbeirrbar, lachte die furchtsame Schar aus und machte sich auf den Weg zu seiner Frau, die ihn bereits sorgenvoll erwartete.

Als er bei ihr ankam, sollte sie ihm eine Laterne geben, damit er in den „Schatten" zurückkehren und sich von dem Gespenst seine Kraxe wiederholen könne, die es ihm dort entwendet habe. Sie aber brüllte ihn wie wahnsinnig an, zerrte an ihm, versuchte, ihren starrsinnigen Mann mit aller Kraft zurückzuhalten.

„Nein! Noch einmal kommst du nicht davon! Man wird dich nicht mehr gehen lassen! Fordere doch nicht das Unglück, die Geister heraus! Ich flehe dich an, beim barmherzigen Gott und allen Engeln …"

Und doch blieb ihr schließlich nichts anderes übrig, als nachzugeben, ihm und dem Schein des Lichtes nachzustarren, bis sich seine Gestalt im Dezemberdunkel endgültig verlor.
Kein Auge brachte sie zu in dieser Nacht, unruhig und rastlos, gequält von den schlimmsten Gedanken lief sie in der Stube vor und zurück, blieb wach bis zum Morgen hin, ständig seine Schritte an der Türe erwartend. Wo blieb er? Wo nur?
Schließlich wollte sie Gewissheit, nicht mehr länger im Unklaren bleiben. Sie warf sich hastig einen warmen Mantel über, um sich mit dem Gesinde des Hauses auf den Weg zu machen, auf die Suche. Mit jeder Minute, die sie nun unterwegs waren, kroch die Furcht in ihre kalten Glieder, stieg die Angst mehr und mehr in ihr hoch, die lähmende Furcht, dem unfassbaren Grauen zu begegnen, während sich die letzten Schneeschauer der

Nacht verzogen und die Wintersonne langsam über den Bergen aufstieg.
Sie erreichten das Waldstück, suchten … suchten und fanden. Die Trage, welche aus dem Schnee ragte, und darunter den leblosen Weber, wie zerfetzt … Um die Fundstelle jedoch waren zahlreiche Fußstapfen zu bemerken. So klein, als wären es Kinder gewesen, die dort umhergesprungen waren …

Das war die Sage vom zerrissenen Weber, die man sich hier erzählt … Aber was ist in jener Nacht wirklich geschehen? Wie kam dieser Mann zu Tode? Und durch wen?
Was muss wohl in ihm vorgegangen sein, in der absoluten Nähe des Todes? Einsam, ohne jede Hilfe, halb ohnmächtig, halb irre geworden vom Schmerz gebrochener Glieder, zerrissener Sehnen und zerfetzter Muskeln? Was genau hat er gefühlt? Was ist ein Mensch dann überhaupt imstande zu fühlen? Zieht an ihm wirklich das Leben in Sekunden vorbei, wirft Schlaglichter auf das Vergangene, das Gewesene? Oder ist da nur mehr ein schwarzes Loch, in das man seine Qual hineinbrüllt oder keucht, weil einem die Kraft fehlt und der Atem geraubt wird?
Fragen, meine Begleiter, Fragen, die ihr jetzt gleich, jeder für sich, beantworten könnt. Denn es ist nun der Moment gekommen, in dem ihr alle hier euer eisiges Grab finden und sterben werdet. So wie ich hier … vor so vielen Jahren!“

Die Gruppe starrte den Mann ungläubig an, war gelähmt von dem Unfassbaren. Nur das ängstliche Flackern der Fackeln konnte man jetzt hörbar vernehmen.

Plötzlich blitzten aus dem Wald helle Funken, paarweise. Sie bewegten sich rasend schnell, auf und ab, vor und zurück, mit atemberaubender Geschwindigkeit. Die kalte Luft schien mit einem Mal unter Strom zu stehen, zu flimmern. Das Auftreten der wild tanzenden Funken wurde begleitet von einem hellen Lachen, das wie aus den Mündern zahlloser Kinder zu kommen schien. Ein Lachen, das die Gruppe nun von allen Seiten umgab, immer lauter werdend, so unbeschwert, so unschuldig, so silbrig klar und heiter …

Und doch änderte es sich nun allmählich, kaum merklich, fiel von dieser seidenen Helligkeit in die Tiefe, um langsam dumpfer, roher zu werden, bedrohlicher und einnehmender, erfüllt von Hass und abgrundtiefem Zorn. Immer näher kam dieses grauenhafte Lachen jetzt, kamen diese gleißend hellen Funken, die, und das konnten die Männer nun ganz genau sehen, nichts anderes waren als Augen, welche sich nun dunkel und blutrot färbten.

Für einen kurzen Moment herrschte fast völlige Stille, ein paar lange, quälende, unerträgliche Sekunden lang. Immer noch zitterten die Fackeln, loderte ihr Feuer fast hektisch und ängstlich, knackte leise, während der helle Schnee wie eine weiße Sintflut in dicken Flocken vom Himmel fiel. Augenblicke vergingen.

Und dann, dann zerriss diese grausame, furchtbare Ruhe, wich einem tiefen Brüllen, das die nächtliche Gruppe zu umschließen, in jede einzelne Faser der Körper zu dringen und direkt aus den Abgründen der Hölle zu kommen schien. Von blankem Entsetzen gepackt, von den

Teufeln der Unterwelt verfolgt, stürmten die Männer weg aus diesem Inferno des Schreckens, die zugeschneite Straße entlang. Sie warfen die Fackeln auf den Boden, liefen, stolperten, hasteten weiter, rannten, rannten um ihr Leben. Und hörten, wie dieses entsetzliche Brüllen in ihrem Rücken mitsamt dem höhnischen Gelächter des toten Webers allmählich verschmolz.

Der zerrissene Weber

Vor vielen Jahren saßen spät abends beim Maierwirth in Wangen mehrere lustige Brüder beieinander, unter ihnen der Weber von Oberinn, der von Bozen gekommen war und heute noch nach Hause wollte. Der Weg dahin führt durch den sogenannten Schatten, eine unheimliche Gegend, wo es schon von alters her geistert. Als der Weber in später Nacht aufbrechen wollte, mahnten ihn seine Kameraden ab und sagten, er solle lieber in Wangen übernachten und sich nicht der Gefahr aussetzen. Er ließ sich aber nicht von seinem Vorhaben abwendig machen, nahm seine Kraxe und ging prahlend fort. Beiläufig eine Stunde später kam er ohne Kraxe bei seinem Hause in Oberinn an, verlangte von seinem Weibe eine Laterne mit dem Bemerken, er müsse in den Schatten zurück, um dem Geist die Kraxe abzujagen. Trotz aller Gegenvorstellungen ging er mit dem Lichte fort. Als sie ihm durch's Stubenfenster nachschaute, sah sie das Licht hoch in der Luft schweben. Aller Schlaf war ihr vergangen, und sie wachte angstvoll, bis es tagte. Da ging sie mit den Hausleuten in den Schatten hinunter, um den Weber zu suchen. Endlich fanden sie die Kraxe tief im Schnee und darunter lag der Weber tot und beinahe zerrissen. Rund herum waren kleine Fußstapfen, als ob Kinder herum gehüpft wären.

Sagen aus Tirol, gesammelt und herausgegeben von Ignaz V. Zingerle, Innsbruck 1891, Nr. 493, S. 274.

Draussen
Überetsch

Die Abzweigung, der Brunnen am Rande des Parkplatzes, der See. Dann tauchte ich ein …

Das Interview hatte doch etwas länger gedauert als erwartet. Ich packte meine Sachen rasch zusammen, warf sie in den Kofferraum und machte mich auf den Weg. Die heiße Luft war hartnäckig, wich nur zögerlich aus dem Auto, als ich die Scheiben herunterließ. Erst nach einigen Minuten, als der Fahrtwind das Wageninnere durchflutet hatte, das glühende Lenkrad abgekühlt war, konnte ich ein wenig durchatmen in dieser wolkenlosen Augusthitze, durch die jetzt einige Motorradfahrer mit Sonnenbrillen und offenen Visieren die Straße entlangpflügten. Ich wollte mich unbedingt auf der Rückfahrt noch schnell etwas abkühlen, genoss das klare Wasser des Sees, das die Glut des Sommers auf meiner Haut rasch abklingen und fast vergessen ließ.

Es war gegen halb acht Uhr abends, als ich mich wieder im Wagen fand. Nicht ohne erneut festzustellen, dass ich vor den morgigen Dreharbeiten in Bozen über kurz oder lang eine Tankstelle aufsuchen würde müssen, denn allzu weit konnte ich laut Anzeige unter dem Tacho nicht mehr kommen. Hatte ich diesen Umstand vor meiner Abkühlung im Kalterer See hartnäckig ignoriert, wies mich das grelle Warnlicht am Armaturenbrett jetzt schon fast penetrant auf diese Tatsache hin.

Wenige Minuten später erreichte ich die nächstgelegene Tankstelle. Ich stieg aus dem Auto und suchte in meiner Brieftasche nach der Kreditkarte. Es war immer noch extrem warm, das T-Shirt am Rücken wieder unangenehm feucht vom Schweiß. Da fiel mein Blick auf einen älteren Herrn, der in der Nähe meines Wagens stand, eine Bierdose in der Hand hielt und mich freundlich grüßte. Ich erwiderte den Gruß, schob die Karte in die dafür vorgesehene Öffnung und startete dann den Tankvorgang. Obwohl ich dem Mann den Rücken zugekehrt hatte, spürte ich seine Blicke auf mir. Ein interessanter Mechanismus des Körpers, der nur sehr, sehr selten trügt. Das ist Fakt. Unbestritten. Als ich den Zapfhahn einhängte und mich umdrehte, stand er fast direkt vor mir. Grauschwarzer Vollbart, abgetragenes, helles Hemd. Schmutzflecken. Die Hose an den Knien zerrissen. Ein vom Alkohol vergifteter Atem und dennoch eine erstaunlich klare, eine fast schöne Stimme.

„Sie sind es doch, nicht wahr? Hab ich mir gleich gedacht, dass Sie es sind. Kenne Sie! Aus dem Fernsehen. Reportagen und so, stimmt's? Ja, ja, ich schaue viel fern, lese Zeitung. In meinem Alter kommt man ja Gott sei Dank dazu … Ich wollte auch mal ins Fernsehen. Früher mal. Ist aber nichts draus geworden. Leider. Tja …“

Ich wurde das unbestimmte Gefühl nicht los, dass seine Worte nur Vorgeplänkel waren für einen Autogrammwunsch, eine bestimmte Frage. Dass man mich aus den Medien kennt, ist nicht weiter verwunderlich. Ständig sprechen mich Leute auf der Straße, beim Einkaufen oder Joggen an. Damit muss man als Journalist und Medienmann einfach rechnen. Manchmal entwickeln sich sogar ganz nette Unterhaltungen, manchmal fehlt aber auch die Zeit dazu. Und manchmal verspürt man ganz einfach einen unglaublichen Hunger, der keine großen Worte zulässt. So wie gerade jetzt.

Ich freute mich schon auf die Nudeln mit Thunfischsauce, eine eiskalte Limonade, auf Musik von Francesco Gabbani aus dem CD-Player am Balkon, die Düfte des Oleanders und der Lavendelbüsche auf der Terrasse von Frau Rizzi, die mit dem Abendwind bis zu mir heraufschlugen.

Ein Autogrammwunsch, eine bestimmte Frage? Ich sollte mich sehr täuschen. Eine Täuschung, die mich bis heute begleitet.

„Ich erzähle Ihnen jetzt etwas. Das haben Sie sicher noch nie gehört, geschweige denn gesehen … Na, was ist? Sie sind doch neugierig, oder? Gehört zu Ihrem Job, denke ich … Das tut es …"

Ich zog die Augenbrauen hoch und wurde immer noch nicht recht schlau aus seinen Worten. Wovon sprach der Mann? Aber er hatte völlig recht. Ich war neugierig. Er kam noch einen Schritt auf mich zu, zögerte kurz. Es war fast wie ein Flüstern, als er mich mit großen, dunklen Augen fixierte und sagte: „Bei mir spukt es!"

Zuerst glaubte ich, mich verhört zu haben. Meine Verwirrung, die ich offenbar recht ausdrücklich zur Schau stellte, schien ihn zu amüsieren und er wiederholte den Satz. Ich war überrascht. Mit allem hatte ich gerechnet, nur nicht mit einer … einer Gespenstergeschichte. Auf meine Frage, warum er sich denn dessen so sicher sei, wandelte sich sein bislang gleichgültiger Gesichtsausdruck und er antwortete mit Worten, die mir einen eiskalten Schauer über den Rücken jagten.

„Weil mich in jeder verfluchten Vollmondnacht ein Geist heimsucht!"

Hatte ich bislang den Autoschlüssel in meiner rechten Hand gehalten, steckte ich ihn nun in meine Hosentasche und starrte den Mann ungläubig an. Was und vor allem wie er das gesagt hatte, klang so überzeugend, war so durchdrungen von Angst … Ich spürte, wie sich mein Mund schlagartig wie ausgetrocknet anfühlte. Ein heftiger Wind fuhr plötzlich zwischen die Tanksäulen. Wir waren immer noch alleine. Er und ich.

„Niemand glaubt mir, verstehen Sie? Keiner! Wahnsinn. Ich? Nein, ich bin nicht wahnsinnig, falls Sie das meinen. Es ist nur, es … Seit Jahren erscheint mir dieser Geist … Ich … Ich wohne nur wenige Gehminuten von hier entfernt. Es ist ein schreckliches Wiederkehren, weil er keine Ruhe findet und mir Moder und Verwesung als grausigen Atem des Todes entgegenwirft. Er ist gestaltgewordenes Grauen, welches immer und immer

wieder die Reise durch das Dunkel der Nacht antreten muss. Verflucht, verwunschen. Sie kennen doch die Sage vom Feldhüter in St. Pauls? Kennen Sie doch, oder? Der, der in den Friedhof hineingeschossen hat und dann als Konsequenz von einem Toten umgebracht wurde … Die Toten lassen nicht mit sich spaßen! Ein furchtbares, ein grässliches Ende! Und jetzt … Jetzt sage ich Ihnen etwas. Das werden Sie mir niemals glauben …
Er ist verdammt! Dieser Mann! Und er kommt zu mir. Immer und immer wieder. Immer zur selben Zeit, bei Vollmond, taucht er auf der Wiese vor meinem Haus auf, kommt näher und näher und dann … Dann höre ich dieses furchtbare Klopfen, dieses entsetzliche Klopfen. Einmal, zweimal, dreimal … Danach herrscht Stille, ist nichts mehr zu hören, kein Ton. Er geht, um in einigen Wochen wiederzukommen … Man erzählt sich, er habe in meinem Haus gewohnt. Aber das hat man mir erst gesagt, nachdem ich es gekauft hatte … Blöd gelaufen, oder? Hm?“

Der Wind war nun stärker geworden. Plötzlich fröstelte mich. Ich stand da und konnte mich nicht von diesem Mann abwenden, aus dem Verzweiflung und abgrundtiefes Grauen zugleich sprachen.

„Ich werde ihn aber nicht hereinlassen. Auf keinen Fall! Denn morgen ist wieder Vollmond!“,

sagte er, schluckte und starrte hinüber zur Straße. Und dann fügte er hinzu:

„Er kommt wieder … Sie glauben mir doch, oder? Das tun Sie doch?“

In diesem Moment fiel das leise Grauen, welches mich einige Augenblicke mit kalten Krallen gepackt hatte, ab. Ganz unvermittelt. Ich wollte kurz auflachen, war erleichtert. Mein Instinkt, kurzzeitig niedergefahren, wieder da. Es war nun völlig klar, was der Mann wollte. Keine große Berichterstattung, weder Medienzirkus noch Berühmtheit im Fernsehen. Ich konnte das spüren. Es ging ihm einzig und allein nur um den Glauben. Ernst genommen zu werden. Gehört zu werden. Nichts anderes … Das war die Essenz.

„Ja, ja, natürlich glaube ich Ihnen!“,

erwiderte ich wieder ganz Herr meiner Sinne und legte meine Hand langsam und beruhigend auf seine knochigen Schultern. Ein erleichtertes Lächeln huschte mit einem Mal über sein Gesicht, seine Augen begannen eigenartig zu glänzen.

„Ja! Sie glauben mir! Danke! Vergelt’s Gott!“,

flüsterte er erleichtert.

Obwohl wir vielleicht nur einige Minuten hier an der Tankstelle zwischen Treibstoffgeruch und dem Mythos einer vergangenen Zeit verweilt hatten, lag es für mich auf der Hand, dass ich durch meine Worte, mein Zuhören eine unglaubliche Last von ihm genommen hatte. Einen so unbeschreiblichen Druck. Vielleicht war nun tatsächlich ein wenig von seiner Angst gewichen, der er so lange Zeit, Vollmond für Vollmond, ausgesetzt gewesen war.

Er bedankte sich mit einem schwachen, aber trotzdem herzlichen Händedruck und entfernte sich langsam, bis er aus meinem Blickfeld verschwand. Und mit ihm wich auch der Wind.

Am nächsten Abend läutete plötzlich gegen Mitternacht das Telefon. Aus Gewohnheit hatte ich meinen Festnetzanschluss noch immer behalten, wenngleich, bis auf ein paar Meinungsforschungsinstitute, kaum jemand unter dieser Nummer anrief. Ich hatte noch ein Buch gelesen und ohnehin nicht einschlafen können, deshalb war ich immer noch hellwach und stürzte sofort zum Telefon. Draußen leuchtete der Vollmond. Hell und die Nacht ausfüllend, sanft und schlicht. Wer konnte denn um diese Uhrzeit noch anrufen?

„Er ist gegangen. Er ist fort, verstehen Sie? Das Klopfen … Es ist endlich weg …"

Ich erkannte die Stimme des alten Mannes, dem ich gestern an der Tankstelle begegnet war, sofort. Ich erkannte aber auch, dass das Grauen wieder da war, hier in meinen eigenen vier Wänden begann es, sich in meine Glieder zu schleichen. Und ich starrte hin zur Haustüre, an der es nun klopfte. Einmal, zweimal, dreimal …

Tote lassen nicht mit sich spassen

Unweit des Dorfes St. Pauls, zwischen dem Kloster Mariengarten und dem Friedhof, ist eine alte Mauer, welche einen Weinberg einschließt. In dieser Mauer befindet sich ein großer Porphyrstein, dessen der Straße zugekehrte Außenseite gar wunderliche Zeichnungen trägt. Die Leute sagen, es seien Abdrücke von Gedärmen und knüpfen folgende Sage daran: Ein Saltner, ein Feldhüter zur Zeit der Traubenreife, beging einst eine frevelhafte Tat, indem er aus purer Bosheit einmal zur Nachtzeit in den nahen Friedhof hinein schoß. Sofort kam einer der Toten aus dem Grabe, eilte auf den Frevler zu und drückte ihn mit solcher Gewalt an die Mauer, daß die Abdrücke seiner Gedärme noch heute an dem Stein leicht erkennbar sind. (Dieser Stein befindet sich in der Mauer rechts von der Straße, wenn man die „Paulsner Höhle" erstiegen hat.)

Heyl, Johann Adolf, Volkssagen, Bräuche und Meinungen aus Tirol, Brixen 1897, S. 472.

Aus der Vergangenheit
Eisacktal

Die ungewöhnliche, ausufernde Hitze des Sommers griff tief in den September hinein, wenngleich sich seine Fährte bald verlieren und er sich unabdingbar davonstehlen musste. Auch in Brixen zeigte die Natur jetzt allmählich den Wechsel hinüber zu den längeren Nächten und Schatten an. Der Herbstwind hatte seine mächtigen Schwingen erhoben, brachte bereits herbe, kühle Temperaturen am Morgen und damit eine auf ihre Weise betörende und mystische Jahreszeit mit sich, die das Land allmählich Schritt für Schritt einhüllte.

Tagsüber aber trat die Sonne am tiefblauen Himmel noch immer mit ganzer Macht auf und tauchte die älteste Stadt Tirols, diesen einst so mächtigen Sitz der Fürstbischöfe, in ein heißes und schillerndes Licht, das Einheimische und Gäste gleichermaßen genossen. Durch den Kleinen Graben zwängten sich die zahlreichen Reisebusse weiter an Bauzäunen bis zu den Parkplätzen in der Regensburger Allee, Fremdenführer zogen mit ihren Gruppen durchs belebte Stadtzentrum, während nur wenige Meter weiter östlich die Rappanlagen am Zusammenfluss von Eisack und Rienz fast verlassen im klaren Herbstlicht lagen. Lediglich ein Ehepaar mittleren Alters spazierte Hände haltend am Nepomuk-Denkmal vorbei. Immer wieder drang eine leichte Brise durch die Bäume, traf sanft auf die Haut der beiden, fuhr durch die leicht

gelockten, langen, kastanienroten Haare der wunderschönen Frau mit ihren großen, braunen Augen.
Wer der Hitze ausweichen wollte, flanierte unter den schattenspendenden Lauben oder erfrischte sich mit Eis, mit kalten Getränken, nahm sich Zeit, um zurückzuschalten, bewusst Halt zu machen. Um einfach innezuhalten, sich wiederzufinden, vielleicht aber auch, um die Vergangenheit zu vergessen, zu verdrängen. Allein oder im vertrauten Gespräch mit Verwandten, mit Freunden.

Wie so oft stand ich zu dieser Tageszeit unweit des Domplatzes im Kreuzgang, war in den Schatten gewichen und betrachtete zum wiederholten Male die gotischen Fresken in den Arkadengängen. Nur scheinbar stumme Meisterwerke aus einer längst verstrichenen, für so viele fremden Zeit waren sie, denn wer hier verweilte, konnte sich auf eine faszinierende Spurensuche machen, stand vor Wandmalereien, die einen unbeschreiblichen Zauber entgegenzuflüstern schienen.
Ich spürte plötzlich, dass sich mir jemand näherte, und wandte meinen Blick rasch nach rechts. Eine Nonne kam mit langsamen Schritten auf mich zu, schien lautlos über den kalten Boden zu gleiten, der dem von der Sonne verursachten Wechselspiel von hell und dunkel ausgesetzt war, das ich nur zu gut kannte.
Die Frau blieb stehen, ganz dicht vor mir. Sie fixierte mich stumm einige Augenblicke lang und gab mir so für einen Moment Gelegenheit, ihr Gesicht zu studieren, das von zahllosen Falten gezeichnet war. Ich blickte in ein schmales, eisgraues Antlitz, das ein freundliches

Lächeln zierte. In hellblaue Augen, von denen ein seltsamer Glanz ausging, den ich nicht näher beschreiben oder deuten konnte. All die Momente, all die Zeit, die ich hier verbracht hatte, war sie mir noch nie aufgefallen, dessen war ich mir sicher.

„Es ist ein heiliger Ort, ein Platz der Ruhe und des Friedens. Und doch ist auch Schatten, wo Licht ist, denn diese kalten Mauern hier vergessen nicht, spiegeln längst Vergangenes, speichern Botschaften und Nachrichten, die nur die wenigsten zu hören imstande sind. So geben sie auch das Geheimnisvolle, das Unerklärliche wieder, lassen längst verblichene Erinnerungen und Geschichten wieder aus ihren dunklen Schatten hervortreten und öffnen sich denen, die es zulassen."

Sie deutete mit ihren zarten, schmalen Händen auf die Fresken, erzählte mit sanfter Stimme, fast flüsternd, den Kopf auf eine Seite geneigt, ihr Gesicht leicht abgewandt von mir. Eine eigentümliche, für mich nicht einzuordnende Kraft ging trotz ihrer zerbrechlichen Erscheinung von ihr aus. Dann hielt sie kurz inne, wandte sich direkt an mich.

„Es ist lange her, so lange. Und doch unauslöschlich in mein Gedächtnis gebrannt. Mein Großvater hat mir einst in seiner Stube, als ich noch ein kleines Kind war, zahlreiche Sagen und merkwürdige Begebenheiten aus dieser Gegend hier erzählt. Ganz still, aufmerksam und gespannt bin ich neben ihm gesessen, im Lichte des

flackernden, wärmenden Kaminfeuers. Ich habe ihm so gerne zugehört, weiß noch ganz genau, wie mir so manches Mal ein eiskalter Schauer über den Rücken gelaufen ist bei seinen Berichten, so gut wusste er diese ganzen Geschichten vorzutragen. Eines Abends erzählte er mir, dass zu gewissen Nächten eine seltsame Prozession durch diese Gänge ziehen solle. Angeführt vom Geist eines Bischofs gehen hier die rastlosen Toten um, tief aus den feuchten Gräbern auferstanden, versunken in Gebeten, in ihrer eigenen, weit entfernten Welt, aus der sie gekommen sind, um hier, hier auf kaltem Stein umherzuwandeln.
Nun, diese schaurige Erzählung haben wohl mehrere in der Region gekannt und einer hat sich tatsächlich einmal ein Herz genommen. Wollte den Dingen auf den Grund gehen, die Wahrheit erfahren. Eines Abends hat er sich in einem Winkel des Kreuzgangs versteckt, um die betende Schar der Nacht selbst zu sehen. Er wollte dieses Wagnis wirklich eingehen. Aber wer die Toten stört, den kommen sie holen, so viel sei gewiss, sagte mein Großvater damals.
So saß der Mann also eine Zeit lang da, ganz alleine in der Dunkelheit, halb ungeduldig, halb zweifelnd, mit sich ringend, ob er die richtige Entscheidung getroffen hatte, hier dem Unfassbaren zu begegnen. Dann schien er plötzlich einen eisigen Hauch zu spüren, der immer näher kam, fühlte, wie sich irgendetwas in der Atmosphäre zu verändern schien. Deutlich.
Und tatsächlich erschien ihm nun die geisterhafte Prozession, die er wie gebannt wahrnahm, gelähmt von

der Realität, mit der er jetzt konfrontiert war, denn es konnte nun nicht der geringste Zweifel an der Echtheit der Überlieferung bestehen. So saß er da, duckte sich, um nur nicht gesehen zu werden, sah mit offenem Mund weiter und weiter zu und musste glauben. Wie er aber nun diesen Zug staunend beobachtete, drehte sich der Bischof mit einem Male hin zu dem Wagemutigen und drohte ihm mit seinem Krummstab, sodass es dem verwegenen Mann durch Mark und Bein fuhr. Dieses Erlebnis soll er nur wenige Wochen später auf dem Sterbebett losgeworden sein und vielleicht hat er seit diesem Zeitpunkt selbst keine Ruhe mehr im Tode gefunden.

Ist wirklich alles nur Schein, was nicht greifbar ist? Haftet an solchen Erzählungen nicht doch mehr Wahrheit, als wir vielleicht glauben? Sind wir in dieser Gegenwart, die uns umgibt, nicht mehr imstande, außerhalb unserer Grenzen zu denken? Können wir nur noch das für real halten, was wir auch tatsächlich zu fassen, im wahrsten Sinne des Wortes zu ‚begreifen' vermögen?
Ich habe diese Geschichte niemals vergessen, denke jedes Mal, denke unentwegt an sie, wenn ich hier verweile, weil sie mich in meine eigene Vergangenheit zurückführt, zur Stimme meines Großvaters."

Die Nonne blickte jetzt nachdenklich in den sonnendurchfluteten Innenhof, bewegte die schmalen Hände zu ihrem Kinn, wo sie sie faltete.

„Es ist eine für mich wunderbare, unfassbare Unendlichkeit, die diese alten Berichte in sich tragen. Geschichten, die man sich zwar heute immer noch erzählt, deren Schicksal es aber leider ist, mehr und mehr in dunkle Vergessenheit zu geraten. Für mich aber bleibt vor allem diese eine Erzählung immer noch so greifbar und unauslöschlich. Und ich frage mich oft, was das Schicksal letzten Endes wirklich für diesen Mann bereitgehalten hat. Was genau war es? Ein stilles Grab, um in Frieden zu ruhen, oder die ewige Rastlosigkeit?“

Dann wandte sich diese zarte Gestalt mit ihren so starken Erinnerungen langsam von mir ab und streute ihr Schweigen auf den Kreuzgang, ohne sich noch einmal umzudrehen.
Ohne zu wissen, dass ich die Antwort auf ihre Fragen gewesen wäre.

Geisterprozession

Im Domkreuzgang zu Brixen ist's unheimlich; da zieht in Quatembernächten eine feierliche Prozession mit Kreuzen und Fahnen hindurch. Auch der Bischof, der auf dem steinernen Sarg im Kreuzgang liegt, geht in vollem Ornate mit, aber laut beten und singen die Geister nicht, man hört nur dumpfes Gemurmel.
Einer hat es nicht geglaubt und sich abends im Kreuzgang versteckt und einsperren lassen; da hat er um Mitternacht wohl den Zug gesehen, aber er wäre um keinen Preis ein zweites Mal in der Nacht drin geblieben, denn der Bischof hat seinen Stab aufgehoben und dem Horcher damit gedroht.

Heyl, Johann Adolf, Volkssagen, Bräuche und Meinungen aus Tirol, Brixen 1897, S. 142.

Das Geschäft
Pustertal

Ich will noch nicht sterben. Nicht jetzt. Es ist noch viel zu früh. Ich will leben. Einfach nur leben ...

„Wir hätten niemals hierherfahren dürfen!“

Paul steuerte den Wagen die Staatsstraße entlang, die sich in sanften Kurven nach Westen zog und bald Niedervintl durchqueren würde. Die Mühlbacher Klause lag einige hundert Meter hinter ihnen und sie hatten es nicht mehr weit an diesem Herbstmorgen, der das Tal und den Fluss in einem fahlgrauen, kalten Licht erscheinen ließ, eine vom Regen der vergangenen Tage ausgewaschene Landschaft aus der Finsternis rückte. Aufgeweicht, farblos, ausgelaugt und erdrückt von tiefhängenden Wolken, die den Blick auf die Hänge und Berge erbarmungslos versperrten.

„Unsinn! Verdammter Unsinn! Du machst dir einfach zu viele Gedanken, Gott nochmal! Du verrennst dich doch völlig! Es gibt bestimmt eine ganz normale Erklärung, warum Luca nicht an sein idiotisches Telefon geht.“

Antonio saß am Beifahrersitz. Er schüttelte den Kopf, hielt seine Arme verschränkt und ließ, wie immer wenn er leicht gestresst war, seine beiden Füße abwechselnd auf und ab wippen.

„Die gibt es eben nicht! Nicht nach dieser Nacht!"

„Hör mir doch mal zu! Gerade nach dieser Nacht erscheint es mir doch ziemlich logisch, dass unser Freund völlig fertig und abgefüllt in seinem Bett liegt, es vermutlich nicht einmal merken würde, wenn ein Reisebus durch sein Schlafzimmer fahren würde."

Ohne zu antworten, fuhr Paul mit unverminderter Geschwindigkeit weiter und versuchte parallel dazu zum wiederholten Male, Luca zu erreichen. Jedes Mal ergebnislos. Pauls Lippen schienen leicht zu zittern.

„Gib mir jetzt das verdammte Ding und konzentriere dich lieber auf die Straße, sonst landen wir hier selbst noch irgendwo im Graben, vielleicht verewigt als Gedenkstein am Straßenrand! Na los, komm schon! Ich hab wirklich absolut keine Lust, im Alter von fünfundzwanzig Jahren in den Todesanzeigen zu stehen. Dem ist garantiert nichts passiert. Ich kann das fühlen. Echt!"

Antonio versuchte nebenbei im Radio einen passenden Sender einzustellen, abzulenken und fing mit „Yes Sir, I Can Boogie" kurz längst vergessen geglaubte Klänge der Musikgruppe Baccara ein, als Paul das Gerät ausschaltete und ihn wütend anfuhr:

„So, und jetzt … Jetzt hörst du mir mal zu! Wir sprechen hier von einer nächtlichen Unternehmung im absoluten Vollrausch, die du gestern angezettelt hast. Von einer idi-

otischen Schatzsuche an der Klause, bei der du uns zwei Spaten in die Hand gedrückt und uns suchen hast lassen, getrieben von einer uralten Gespenstersage. Einfach aus einer Laune heraus. Und wir haben gegraben. Du hast die ganze Zeit nur gelacht, weiter dein Bier getrunken. Selbst dann hast du noch gelacht, als Luca diesen Totenschädel gefunden und ihn nach dem passenden Zauberspruch gefragt hat, mit dem man die alten Knochen zu Gold verwandeln könne. Und du hast auch dann noch gelacht, als Luca den Schädel einfach so in die Büsche gestoßen hat. Aber ich sage dir, mein Freund, dass uns das Lachen noch vergehen wird, verdammt nochmal. Denn ich habe nachgelesen! Ich weiß, was in dieser Überlieferung mit dem einen schatzsuchenden Bauern geschehen ist, der den Schädel gefunden und ihn achtlos beiseitegeworfen hat. Der Geist des Verstorbenen ist noch in derselben Nacht zu ihm gekommen, entstiegen aus seinem feuchten Grab und hat sich den verlorenen, knöchernen Kopf wieder aufgesetzt, hat den Frevler mit dem kalten Lächeln der Finsternis angegrinst und gnadenlos Tribut gefordert. Vor Entsetzen ist dieser Mann umgekommen, bestraft für seine ungeheuerliche Respektlosigkeit, seine Missachtung der Totenruhe. So steht es geschrieben. Genau so. Die Angst hat ihn getötet. Die pure Angst, verstehst du? So, und jetzt frage ich dich:
Was ist wohl mit Luca geschehen, hm? Mit jenem Luca, der in der Anlage ebenfalls auf einen Schädel gestoßen ist, ihn beiseitegeworfen hat? Und der jetzt so ganz plötzlich nicht mehr erreichbar ist, obwohl man ihn sonst zu jeder, wirklich jeder Tages- und Nachtzeit am Telefon erwischt."

„Mach dich doch bitte nicht lächerlich! Sag bloß, du glaubst an so einen unglaublichen Schwachsinn? An angestaubte Geschichten, die man sich an irgendwelchen langen, kalten Nächten erzählt hat, in Gasthäusern und Dorfstuben, geschwängert von Alkohol und Aberglaube. Aus Angst, aus Unwissenheit. Vor hundert, zweihundert Jahren. Das kannst du doch nicht wirklich ernst meinen … Wetten wir, dass Luca gleich vor uns steht? Verkatert und übermüdet. Wirst sehen."

Paul erwiderte nichts mehr. Es war zwecklos. Er schwieg für den Rest der Fahrt, obwohl der Ärger in ihm brodelte. Minuten später hatten die beiden den Wohnblock in Kiens erreicht. Der Parkplatz war bis auf zwei Autos leer. Auf ihm lag das drückende, verwaschene Grau des Morgens, gepaart mit zerrissenen Nebelschwaden. Lucas Wohnung befand sich im ersten Stock. Im Bad brannte Licht, das Fenster aus Milchglas war gekippt.

„Siehst du! Hab ich ja gesagt, dass alles in Ordnung ist!",

sagte Antonio mit einem breiten Grinsen im Gesicht.

„Der wäscht sich bloß seinen Rausch aus dem Gesicht."

„Nur weil das Licht eingeschaltet ist, heißt das noch lange nicht, dass … Ach, egal."

Paul vollendete seinen Satz nicht. Das Licht im Bad hatte ihn zwar etwas beruhigt, die größte Sorge ver-

trieben, trotzdem konnte er seine finsteren Gedanken nicht einfach so abschütteln. Was, wenn wirklich …
Mit raschen Schritten ging er voraus und drückte energisch den Klingelknopf. Dreimal kurz, dreimal lang. Ihr Zeichen. Damit hielt sich Luca immer wieder etwaigen unerwünschten Besuch fern.
Sie mussten nicht lange warten, bis die Türe ungewohnt schnell geöffnet wurde. Rasch stiegen die beiden Freunde durchs spärlich beleuchtete, kalte Stiegenhaus, getrennt durch wenige Schritte und den Glauben an eine überlieferte Geistersage. Kurz flackerte die Lampe im Gang zu Lucas Wohnung, zuckte einmal, zweimal. Dann fiel sie aus. Paul erschrak, hielt kurz inne und wäre fast von Antonio umgerannt worden.

„Scheiße, Mann, was zum Teufel war das?“

„Ein defektes Licht, sonst nichts! In dem Haus funktioniert so einiges nicht“,

drängte Antonio seinen Kollegen weiter.

Luca stand bereits im Türrahmen. Etwas blass. Müde. Dennoch lächelte er beim Anblick seiner Freunde.

„Hey, verdammt noch mal! Was macht ihr beiden denn hier?“

„Das soll er dir gefälligst erklären“,

entgegnete Antonio mit einem schiefen Grinsen. Er hatte recht behalten und keine Lust, diese völlig absurde Situation an einem Sonntagmorgen in einem abgelegenen Ort im Pustertal aufklären zu müssen. Demonstrativ steckte er seine Hände in die Hosentaschen, lehnte sich an die Mauer und fing einen verärgerten Blick von Paul ein.

„Okay, okay. Also, es ist so. Wir, wir … haben uns schlicht und ergreifend Sorgen um dich gemacht, weil du nicht ans Telefon gegangen bist!"

„Wie bitte? Das ist alles? Ihr habt euch Sorgen um mich gemacht? Leute, es ist acht Uhr Früh an einem Sonntag! Da dürfte halb Südtirol wohl noch in den Federn liegen … "

„Und weshalb bist ausgerechnet du dann schon wach? Ein Luca, den nur das Läuten seines Smartphones an einem Feiertag aus seinen Träumen reißt, weil er ja vielleicht irgendein Geschäft verpassen könnte? Aber sag mal … Wieso zum Teufel ist es in deiner Wohnung so kalt? Lüftest du seit drei Stunden oder haben sie dir die Heizung abgedreht?"

Tatsächlich strömte ungewöhnlich kühle Luft aus der Wohnung nach draußen und erfasste nun auch die beiden Männer am Gang. Paul griff sich ins Gesicht und spürte förmlich die eigentümliche Kälte, die sich nun über seinen ganzen Körper zu legen schien. Ihn fröstelte und irgendwie begann er sich unbehaglich zu fühlen.

„Tja, also … Das war ein Missgeschick. Ich … Ich wollte mir aus dem Schrank was holen und dann ist mir die Flasche mit dem Essig auf den Boden geknallt. Ihr wisst, was das geruchstechnisch bedeutet. Und das ausgerechnet heute, wo ich doch …“

„Was? Was ist denn heute?“

Statt zu antworten, stand Luca einfach nur da und schmunzelte. Eine peinliche Pause war entstanden. Eine Pause, die Antonio schließlich unterbrach.

„Alles klar, Alter! Alles klar! Ich hab‘s schon kapiert. Wir sind dann auch schon wieder weg. Mit Lichtgeschwindigkeit!“

„Ja, es tut mir auch leid, dass ich euch nicht reinbitte, aber ich muss wirklich gleich … Na ja, also …“

„Das nächste Mal gibt‘s dafür zwei Bier, hörst du? Versprochen?“

Antonio wartete die Antwort erst gar nicht ab, zerrte Paul an seinem Jackenärmel von der Türe weg und winkte Luca demonstrativ zu.

„Zwei Bier, ja? Mach‘s gut, mein Freund! Und viel Spaß!“

Noch immer war das Licht defekt und die beiden Männer konnten nur mit langsamen Schritten durchs Stiegenhaus hinuntergehen. Antonio spürte, dass er Paul mit der raschen Verabschiedung von Luca völlig überrumpelt hatte, wollte dieses Vorgehen aber mit Sicherheit nicht entlang eines metallenen Treppengeländers diskutieren, sondern möglichst rasch zum Auto kommen. Auf der Rückfahrt würde sich die Gelegenheit ergeben, das soeben Erlebte entsprechend reflektieren zu können.

„Eine Frau! Das war's, klar doch! Da hätte ich doch sofort draufkommen müssen, dass da eine Frau dahintersteckt!",

murmelte er selbstzufrieden, drückte die Tür auf und trat ins Freie hinaus, wo sich mit einem Mal die Sonne zögerlich durch die Wolken schälte.

Luca hatte die Vorhänge jetzt zugezogen. Fast unsichtbar stand er am Fenster und starrte auf den Parkplatz hinunter. Seine beiden Freunde standen dort unten und unterhielten sich, diskutierten scheinbar heftig, wort- und gestenreich, während die ersten Sonnenstrahlen durch das matte Morgengrauen auf den Asphalt drangen. Langsam wurde es immer heller. Und heller.
Er hatte seinen Blick immer noch auf den Asphalt geheftet. Er sah sich nicht um. Er spürte deutlich, wie die Kälte allmählich aus dem Zimmer, aus der Wohnung wich, hinauskroch in den nach wie vor so dunklen Gang, sich die Stufen entlang nach unten wälzte, hinweg, hinaus.

Er wollte noch nicht sterben. Nicht jetzt. Es war noch viel zu früh. Er wollte leben. Einfach nur leben …

Tausend Gedanken gingen ihm jetzt durch den Kopf. Musste man im Grunde nicht sich selbst und die eigenen tiefen Abgründe am meisten fürchten, anstatt Angst vor vagen Bedrohungen und Gefahren, die von außen kamen, zu haben?

Wie hätte jemand anderer reagiert? Welche Entscheidung wäre letztlich gefallen? In dieser außergewöhnlichen Situation? Bliebe am Ende nicht bei jedem immer der Gedanke an die eigene Rettung, an die Möglichkeit, selbst durchzukommen, den allerletzten Strohhalm zu ergreifen? Hätte nicht jeder dieses Geschäft gemacht, um zu bleiben?

Er hörte die Stimmen der Freunde verebben, als sie ins Auto stiegen, die Türen zuschlugen, stand noch einige Augenblicke da und starrte hinab, um dann die Augen zu schließen. Er bat die beiden im tiefsten Inneren um Vergebung und spürte, wie seine Augen allmählich feucht wurden. Er war schuldig.

Hätte schlussendlich nicht jeder dieses Geschäft gemacht, um am Leben zu bleiben?

Um des eigenen Überlebens willen seine beiden Freunde in eine Falle zu locken, sie dem Tod auszuliefern? Diesem unerbittlichen und kalten Tod, der sich jetzt Paul und Antonio auf ihrer letzten Fahrt holen würde.

Der Schatz in der Haslacher Klause

Unter den Trümmern der Haslacher Klause bei Mühlbach soll ein Schatz vergraben sein. Einmal machten sich des Nachts drei Bauernburschen auf den Weg dahin und trugen einen Sack mit sich, um das Gold hineinzutun. Als sie an die rechte Stelle gekommen zu sein glaubten, fingen sie an zu graben und sagten dabei den auswendig gelernten Zauberspruch auf. Aber es wollte kein Schatz zum Vorschein kommen. Nur auf einen Menschenschädel stießen sie, und einer der Burschen sagte übermütig: „O du armseliger Schatzhüter, du rührst auch keinen Zahn mehr in diesem Bettelloch!" und kegelte den Schädel mit dem Fuß verächtlich auf die Seite. Die Burschen gingen nun, ohne einen Schatz gefunden zu haben, nach Hause und legten sich schlafen.

Auf einmal klopfte es an die Tür der Schlafkammer, und als der Bursche, welcher den Schädel beiseite gestoßen hatte, auftat, stand ein Geist vor ihm, der ebendenselben Schädel aufhatte, und grinste ihn entsetzlich an. Der Bursche schlug die Tür augenblicklich wieder zu und kroch voll Entsetzen unter die Decke. Am Morgen, als man ihn wecken wollte, aber war er tot.

Heyl, Johann Adolf, Volkssagen, Bräuche und Meinungen aus Tirol, Brixen 1897, S. 619.

Geisterstunde
Wipptal

Das alte Ehepaar blickte von der Terrasse hinunter auf Gossensass und den dunklen Fluss, dessen eisiger, feuchter Gebirgsatem den Uferrand kühlte. Über dem Nachthimmel des Pflerschtals tanzten hauchdünne Wolkenfetzen dahin. Auf die Dächer, Wiesen und Menschen hatte sich seit Tagen schwere Hitze gelegt, drohte den Asphalt der Straßen aufzubrechen und die Adern all jener zu sprengen, die tagsüber unterwegs waren. Nur ganz oben, in der Höhe, in der Stille und gewaltigen Einsamkeit des Berges und der Wälder verlor sie allmählich an ihrer immensen Kraft.

Das Ehepaar nahm gerade einen Schluck Wein, als leise Schritte auf dem Parkett des Salons, von dem aus die Türe hinaus zu ihnen führte, zu hören waren und drehte sich um. Der Besucher, ein bleicher, hochgewachsener Mann, betrat bedächtig die Terrasse, verbeugte sich vor dem Paar und starrte die beiden mit einem durchdringenden, harten Blick an, der ganz im Gegensatz zu seiner höflichen, sanften, angenehm dunklen Stimme stand.

„Verzeihen Sie, wenn ich Sie so spät noch störe. Wir haben telefoniert. Wegen des Verkaufs dieses Ansitzes … “

Die Frau nickte, erhob sich langsam und schwerfällig aus ihrem Sessel. Zweifelsohne war ihr Mann in seiner bereits tiefsitzenden Vergesslichkeit erneut der irrigen Meinung gewesen, er hätte das Eingangstor unten verschlossen. Das unvermittelte Auftauchen des späten Besuchers hier oben war jedoch der untrügliche Beweis des Gegenteils. Sie sah über diesen Umstand jedoch zum wiederholten Male gnädig hinweg, denn Personal hatten sie keines mehr und wer wollte denn schon aus diesen alten Hallen und Räumen, die nur noch verblichene Erinnerungen in sich trugen, etwas wirklich Wertvolles entwenden?

„Ja, ja, das ist wohl wahr, dass wir verkaufen möchten, verkaufen müssen. Aber setzen Sie sich doch und leisten Sie uns ein klein wenig Gesellschaft. Wir freuen uns über jeden Besuch in diesen kalten Mauern, die so viele lange Jahrhunderte gesehen und überdauert haben … Kekse?“

Der späte Besucher schüttelte sanft den Kopf. Ein eigentümliches Lächeln umspielte seine Lippen.

„Nein, danke! Vielen Dank! Ich habe bereits zu Abend gegessen.“

„Nun, unser Landhaus ist, wie Sie ja sehen, leider dem schleichenden Verfall preisgegeben. Es wird bald zu einer seelenlosen, abgenagten Ruine werden, durchweht vom gleichgültigen Hauch der Zeit. Die Bausubstanz sei nur mehr lebensmüden Naturen zuträglich, meinte erst kürzlich ein amtlicher Sachverständiger. Aber sagen Sie, mein Herr: Weshalb interessieren Sie sich denn genau für dieses Haus?“

Der Fremde blickte fast abwesend in die Nacht hinaus, die flackernden Kerzenflammen bewegten sich im leichten Nachtwind unruhig und warfen ein unheimliches Licht auf ihn und seine dürren, knochigen Hände.

„Sehen Sie … zeitlebens war ich ein Reisender, fern meiner ursprünglichen Heimat und Familie, deren Wurzeln durch den Sand der baltischen Küste und die ausgedehnten Birkenwälder genauso trieben wie in die Höhen und Hänge des fernen Transsilvaniens. Ständig getrieben vom Fantastischen und Übernatürlichen war ich ein Gehetzter, der niemals Ruhe fand auf seinem Weg entlang von Flüssen und Meeren und durch die wilden, schroffen, zugleich so faszinierenden Gebirgslandschaften des Kontinents, welcher so unendlich viele Geschichten beherbergt, der Menschen, ja ganze Zivilisationen seit Jahrtausenden formt und in ihrem Glauben beeinflusst. Geschichten, die sich die Bevölkerung einst erzählt hat, um Erklärungen für Übernatürliches zu finden, Halt zu suchen. Geschichten, die unsere Vorstellung übersteigen, die ins Gespenstische und wahrhaft Dämonische, manchmal auch bis ins Teuflische führen. In eine Welt, an deren Schwelle wir ängstlich zaudern, zögern, uns erschrecken. Nur Verblendete leugnen die Existenz dieser Welt ‚dort drüben', sage ich Ihnen. Denn ich … Ich kenne sie, die Wahrheit.

Mein Verstand liegt nicht in Ketten. Eben weil ich dieser Wahrheit seit so langer Zeit schon auf der Spur bin, von Ort zu Ort, von Region zu Region ziehe, um mehr

zu erfahren über die zahlreichen Phantome und Spukerscheinungen in den Tälern und Bergen.
Hier, in dieser Gegend, werde ich dem Tschinglgeist, den verstorbenen Jungfern im Sterzinger Moos und dem Nonnengespenst nachspüren. Und ganz besonders dem Schreiergeist, der in diesem wunderschönen Pflerschtal umgeht. Der am Schleierbach zuhause ist, der wächst und schrumpft, wie es ihm gefällt, der neckt und schreit am kalten Wassergrund. Und so kalt wird der Schrecken dieses Gespenstes immer noch manchem in die Knochen fahren, wenn er an den Ufern dieses Gewässers wandelt. Hier möchte ich nun für die nächste Zeit sesshaft werden."

Die Frau lachte laut auf und schüttelte heftig ihren Kopf.

„Aber bitte, mein verehrter Herr! Machen Sie sich doch nicht lächerlich! Sie glauben tatsächlich an so einen … einen ausgemachten Hokuspokus? An herumirrende Geister? Also nein, also nein! Lächerlich!
Sehen Sie, auch ich verfüge über eine nicht ganz unbeträchtliche Lebenserfahrung, aber irgendwelchen Spukgestalten bin ich noch nie, niemals begegnet! Es gibt keine Geister – weder hier im Wipptal noch sonst wo. Punkt."

Der fremde Besucher lächelte trotz dieses energischen Protests. Ja, er schien ihn sogar erwartet zu haben.

„Ich verstehe Ihre abwehrende Haltung durchaus. Aber es geht gar nicht darum, ob Sie daran glauben oder nicht. In Wahrheit sind auch Sie ihnen immer wieder begegnet, weil wir alle umgeben sind von diesen Wesen. Was wirklich zählt, ist einzig die Bereitschaft, ihre Existenz anzunehmen, sie schlicht und ergreifend zu akzeptieren."

Da hörte man die Glocken des Kirchturms im Dorf zwölfmal schlagen. Mitternacht. Geisterstunde.

„Oh, verzeihen Sie, aber ich habe Ihre Gastfreundschaft nun wirklich genügend missbraucht. Wir haben uns ja völlig verplaudert. Meine Güte! Wie auch immer: Ich bin hochinteressiert am Kauf dieses Objekts und werde, falls es Ihnen recht ist, in den nächsten Tagen zur Vertragsunterzeichnung wieder zu Ihnen kommen. Sie verkaufen doch an mich, nicht wahr? Ja, ganz gewiss werden Sie das tun."

Der Mann stand auf und deutete auf die große Eichentür des Salons.

„Ich werde mich nun auf den Rückweg in das Gasthaus machen. Keine Sorge, ich bin ein Kind der Nacht und die späte Stunde bekümmert mich nicht weiter. Diese so geheimnisvolle Stunde der rastlosen, der toten Seelen. Die Dunkelheit ist mein Zuhause!",

flüsterte er geheimnisvoll und musterte die Gastgeber mit einem seltsamen Lächeln, das seine fast elfenbeinweißen Zähne freigab. Er bemerkte die verschreckten Antlitze beider Eheleute und fügte besänftigend hinzu:

„Aufgrund einer Erbkrankheit ist es mir leider nicht vergönnt, ins Antlitz der Sonne blicken zu dürfen. Dies erklärt auch meine ungewöhnliche Blässe, mit der ich so manch empfindsame Natur sogar zu erschrecken vermag. Zu erschrecken vermag aufgrund meiner Ähnlichkeit zu jenen Kreaturen, von denen man sagt, sie kehren des Nachts als verdammte, als unselige Untote wieder. Glauben Sie auch nicht an diese? An die Unerlösten?"

Er blickte das Ehepaar lange mit einem seltsamen Gesichtsausdruck an, ein eisiger Schauer jagte nun über den Rücken der beiden Hausbewohner. Die Frau hatte jedoch sofort wieder ihre Fassung gewonnen und meinte mit einem schiefen Grinsen:

„Ich glaube daran, dass da rein gar nichts ist. Und dass Sie, mit Verlaub, sich doch etwas verrannt haben in … in Ihrem Glauben. Aber es sei Ihnen unbenommen. Wir leben in einem freien Land. Tun Sie, was Sie nicht lassen können. Und seien Sie vorsichtig! Am Ende holt Sie ansonsten noch der Schreiergeist …"

„Keine Sorge, gnädige Frau. Ich kann sehr gut auf mich selbst aufpassen. Nun denn. Ihr Hausdiener wird gewiss schon zu Bett gegangen sein, sodass ich mich selbst um meine Schuhe kümmern werde. Er war vorhin ja so frei, mir Gästepantoffeln zu überlassen."

Erst jetzt fiel der fassungslose Blick der alten Dame auf die Pantoffeln an den Füßen des Mannes. Sie wurde leichenblass.

„Aber … aber wir haben doch gar keinen Hausdiener mehr! Anatol ist … seit über zehn Jahren verstorben!“,

stammelte sie plötzlich, kreidebleich wie die Terrassenmauer des uralten Hauses im Pflerschtal.

Der Schreiergeist

Westlich von der Poststraße zu Gossensaß öffnet sich das sonnige Tal Pflersch (einst Phlers oder Phlerris) fast zwei Stunden lang eben, dann noch drei Stunden aufwärts bis zu den Eisgebirgen des Stubenferners, welcher, weil das Tal eine so günstige Lage hat, wunderschön meergrün schimmert. Der einstige reiche Bergbau auf edle Metalle ist 1818 gänzlich verschwunden, doch die Alpenwirtschaften stehen im schönsten Flor. Und wie im schönen Tiroler Lande fast jedes Tal seine besondern alten Sagen, Reime, Lieder und Trachten aufzuweisen hat, so hat das Pflerschtal einen eigentümlichen, gespensterartigen Geist, ein Schreckgebilde: den „Schreier" oder „Schreiergeist". Er ist bald Riese, bald Zwerg – wenn der Wanderer im Tal nächtlicherweile dahin geht, so sieht er im Vollmondschein ein kleines Männchen, das wächst auf und auf, wie ein Berg, und der arme Wanderer sinkt entweder ohnmächtig nieder oder läuft sich fast zu Tode, doch bald ist alles vorbei, höchstens der Kopf ist aufgeschwollen, und ein andermal, wenn jemand den Schreier belauscht, sieht man, wie er von Riesenhöhe sich in sich selbst hineinsteckt und kleinwinzig wird, hernach wieder aufsteigt und so abwechselt, als ob's ihm ein Vergnügen machte. Aber es scheint nicht so zu sein: Denn meistens schreit er so wild, daß einem recht grausen tut. Wer auf bösen Abwegen geht, den tuckt er schon ärger. Sein Aufenthalt ist entlang des wilden, sausenden Schleierbaches, der durch wilde Felsenklammen oft tief unten durch das Tal läuft und es in Inner- und Außerpflersch abteilt. Da unten in den Klammen und Schluchten im Wasser und am Rande hält sich der g'spaßige Furchtbare auf; man nennt daher seit alter Zeit den Bach niemals den „Schleierbach", sondern „Schreiergraben", denn oft schreit der Geist da drunten so wild, als ob der Teufel selbst drinnen steckte. Einige Leute meinen, der Schreier sei der einstmalige Wünschelrutenzauberer, der oben am Tribulaun die Rute eingegraben habe und zur Strafe als Klamm- oder Wassergeist so schreien müsse. Ist aber nicht so, wie ein alter Wilderer, der mehr wußte, „troil" (treu) erzählt hat.

Deutsche Alpensagen, gesammelt und herausgegeben von Johann Nepomuk Ritter von Alpenburg, Wien 1861, Nr. 318.

Alle Zwölfe
Innsbruck-Land

Zwölf. Alle Zwölfe ... Eine exzellente Quote. Ja, sie haben tatsächlich Wort gehalten.

Ende November, in einer windgepeitschten, regnerischen Nacht, war ich auf diese Seite im Internet gestoßen. Leider kann ich sie Ihnen nicht verraten. Das ist Teil der Abmachung. Und ich werde mich auch hüten, es zu tun. Wer sie finden will, findet sie auch. So einfach ist es.

Es klang sehr vielversprechend und vor allem einfach. Und so verlockend. Irgendwie musste ich nicht lange überlegen. Diese Chance würde sich höchstwahrscheinlich nur ein einziges Mal bieten. Zu tief saß der Stachel der Demütigung aus vergangenen Jahren. Ich konnte einfach nicht vergessen, was sie mir damals angetan hatten.

Schon immer war ich von dem Gedanken beseelt gewesen, mich eines verdammten Tages rächen, es ihnen heimzahlen zu können. Bloß wie? Wie um alles in der Welt noch einmal? Ich wusste, wo sie wohnten, wie und mit wem sie lebten, weil ich ihnen immer wieder begegnete und sie mit ihrem überheblichen Grinsen wieder und wieder diese alten Wunden aufrissen, einem wehrlosen, kleinen Schulbuben zugefügt. Ihr Schweigen, ihr

Gesichtsausdruck bei all diesen Treffen rissen mich jedes Mal zurück in diese Zeit. Ich konnte einfach nicht vergessen. Niemals.

Und dann sah ich diese Homepage. Konnte es zunächst nicht glauben, welche Möglichkeit sie mir und der Dunkelheit in meinem Inneren bot. Manche wären vermutlich vorzeitig ausgestiegen, hätten nicht daran geglaubt. Hätten alles nur für blanken Unsinn gehalten.
Aber ich … Ich war neugierig geworden. Klickte weiter, las die Versprechungen, die zahlreichen Berichte. Lächelte. Und ich las auch die Bedingungen des Vertrages, die über die Grenze des Vorstellbaren hinausgingen. Weit, weit hinaus. Aber in dieser einen Nacht gab es für mich kein Zurück mehr, kein Halten. Ich wollte meine Seele verkaufen. Wieder und wieder las ich diese Zeilen, die sie in ihr Verhängnis führen und von mir dieses Opfer verlangen würden, verfing mich in ihnen, ließ meine anfänglichen Zweifel erlöschen. Ich war getrieben von diesem gewaltigen und unstillbaren Durst nach Rache. Ich wollte es. Ich wollte, dass sie büßen sollten. Ich wollte ihren Tod. Und akzeptierte schließlich.

Bis in die frühen Morgenstunden wälzte ich mich rastlos im Bett hin und her, hörte den Regen herrisch gegen die Fensterscheiben klopfen und fragte mich, ob ich das Richtige getan hatte.
Der Schlaf blieb aus, ich fand keine Ruhe, stand auf und starrte hinaus in den kalten Morgenregen, dessen Ströme das Wipptal überschwemmt hatten. Dann schaltete ich

den PC ein, las das Bestätigungsmail. Es gab nun kein Zurück mehr. Die Dinge waren am Laufen …

Ich wusste genau, dass sie sich an jenem Sonntag spätnachmittags zum „Teufellaufen" treffen würden. Mit ihren lächerlichen Masken und Fellen und Hörnern. Seit so vielen Jahren. So wie damals auch. Sie waren sich und ihren Werten treu geblieben. Immer schon. Treue, brave Familienväter, verwurzelt in alten Traditionen.
Ich wartete. Geduldig. Verbrachte den ganzen Tag zuhause, übermüdet und zugleich in fiebriger Anspannung, in Erwartung dessen, was geschehen würde. In Erwartung des Unvermeidlichen. Dem Ziel so nahe. Endlich. Nach so vielen Jahren.

Am Ziel. Um halb fünf nahm ich erneut den Laptop und setzte mich an den Küchentisch. Allmählich wurde es dunkel, der Regen hatte fast aufgehört. Das Glas Wein war leer. Ich schob es beiseite. Ich wartete. Öffnete das E-Mail-Programm. Dann klickte ich auf einen mir zugesendeten Link. Kurzes Warten. Nach einigen Sekunden öffnete sich ein kleines Fenster am Bildschirm. Ich vergrößerte es rasch und sah zuerst ein Flimmern, das sich sehr schnell zu einem gestochen scharfen Bild manifestierte. Sah eine Straße, sah zwölf Gestalten in ihren höllischen Kostümen, auf die sich das Bild zubewegte. Ich vermutete, dass diese Aufnahmen von einer am Kopf befestigten Videokamera gemacht wurden, denn immer wieder ging der Blick auf die Seite, auf den Boden, waren Arme, Beine und Füße in schwarzem Fell zu erkennen.

Dann rückte wieder die Gruppe mit den maskierten Teufeln ins Bild. Sie standen zuerst starr da, dann steckten sie ihre Köpfe zusammen, schienen miteinander zu reden. Ich verstand kein Wort, aber es war merkbar, dass sie eine Art Unruhe erfasst hatte. Daran bestand kein Zweifel.

Und dann wusste ich auch, warum. Die Kamera – und wer auch immer sie trug – hatte in rasend schnellem, fast unnatürlich wirkendem Tempo die Verkleideten erreicht, eine mächtige Klaue schnellte vor und packte einen der als Teufel Verkleideten am Hals, um ihn gewaltsam und mit unbändiger Kraft zu Boden zu drücken. Ein unterdrückter Schrei, ein Keuchen drang an mein Ohr. In gestochen scharfen Bildern wurde ich nun Zeuge eines aussichtslosen Todeskampfes, der nur wenige und trotzdem quälend lange Augenblicke dauerte. Bis es zu Ende war. Aus.

Die Kamera richtete sich wieder auf. Das Bild zeigte die restlichen Teufel, die lauthals schrien, sich versprengten, in wilder Panik flüchteten. Ich sah, wie mit einem Male grauschwarzer Rauch aus dem Boden zu dringen schien und sich vor ihnen wie eine unüberwindbare Wand auftürmte. Ein kurzes, hektisches Rucken der Kamera, dann jagte sie, fast wie im Zeitraffer, über ein weites und einsames Feld auf drei verkleidete Männer zu. Immer näher kam sie, schien fast zu fliegen und den Rauch, der immer stärker wurde, mitzunehmen.

Dann wurde es kurz dunkel, ich hörte Schläge, immer wieder Schläge, bis es still wurde. Nichts war zu erkennen, dennoch konnte ich erahnen, was geschehen war.
Dann verzogen sich die Schwaden und man gewann den Eindruck, dass das Bild nun über einen steilen Hang, der sich hinunter zur Sill zog, zu kahlen Bäumen hin sprang, vor denen zwei fliehende Teufel auszumachen waren. Alles ging so schnell, so rasend schnell. Sie hatten keine Chance in ihrem sinnlosen Kampf gegen ihren übermächtigen Gegner.
Ich saß da. Bewegungslos, wie in Stein gemeißelt. Gefesselt an meinem Laptop. Ich sah ein unwirkliches, ungleiches, ein tödliches Ringen im Schnelldurchlauf, eine grausame Hetzjagd, die sich unerbittlich fortsetzte. Ich sah, wie einer nach dem anderen sein Leben lassen musste. Ich sah, wie innerhalb weniger Minuten das namenlose Grauen in dieses Tal eingekehrt war, um sich seine Ernte zu holen.
Und dann … Dann war es zu Ende. Plötzlich und unvermittelt riss die Übertragung ab. Nur in meinem Mail-Account leuchtete eine neue Nachricht auf. Der Auftrag war ausgeführt. Zu Ende.

Es ist ein Rätsel geblieben. Unlösbar. Sie blieben verschwunden. Alle. Spurlos. Man sucht sie immer noch. Alle Zwölf. Eine wirklich exzellente Quote. Niemand hat auch nur irgendeinen, einen winzigen Anhaltspunkt über ihren Aufenthalt gefunden. Nur einige Fellbüschel ihrer Kostüme lagen quer über die Felder verstreut. Sonst nichts. Nichts mehr.

Ich bin der Einzige, der wirklich weiß, was geschehen ist. Aber auf mich wird niemals Verdacht fallen. Ich bin absolut sicher. Das hat man mir vertraglich zugesichert. Und tatsächlich war es so. Ich blieb unbehelligt bis zum heutigen Tag und habe meine erwartete Leistung, meine Rache bekommen. Dennoch tickte ab dem Vollzug die Uhr. Tage, Minuten und Sekunden waren gezählt. Jeder Atemzug, jeder Herzschlag. Das war die Abmachung. Das war der Preis. Zwölf Teufel, zwölf Lebensjahre. Ich weiß genau, wann meine letzte Stunde schlägt.

Manch einer wird mich sogar darum beneiden. Vielleicht. Bis dahin koste ich die restliche Zeit meines Daseins in vollen Zügen aus. Ich kenne mein Lebensende. Und ich weiß, dass sie Ernst machen werden. Zweifellos. Und so tanzen die toten und noch mehr die lebendigen Teufel seit jenem Tag durch meine Gedanken. Sie beobachten mich permanent. Es gibt kein Entrinnen. Dennoch räumen sie mir einen Hauch von Fairness ein, wie sie mir zuletzt in einem Mail vom vergangenen Freitag mitgeteilt haben.

Denn immerhin darf ich mir nun aussuchen, ob ich in zwölf Jahren bei einem Verkehrsunfall oder bei einem Brand ums Leben kommen möchte …

Die Igler Teufelsmasken

Früher war der Brauch, daß am Fischermittwoch zwölf Burschen aus Igls in Teufelscostümen und mit Teufelslarven nach Ellbögen giengen und dort allerlei Unfug trieben. Es waren aber in Ellbögen drinnen immer dreizehn statt zwölf; der dreizehnte war der Teufel selber.

Der hat nun die erstaunlichsten Künste aufgeführt, und die Buben wollten nicht zurückbleiben; daher erkannte man die Anwesenheit des Teufels geschwind, wenn die Burschen so rasend sprangen, wie es sonst kein Mensch vermag; sie sprangen sogar über die Dorfbrunnensäule hinweg. Immer aber kam einer zu wenig heim nach Igls, weil einen der Teufel mitnahm.

Da steckten sie nun, um nicht geholt zu werden, geweihte Fische und geweihtes Salz in die Stiefel. Weiß nicht, ob's geholfen hat.

Volkssagen, Bräuche und Meinungen aus Tirol, gesammelt und herausgegeben von Johann Adolf Heyl, Brixen 1897, Nr. II /72, S. 107.

Totenklamm
Innsbruck

Sie sitzen da unten und haben nicht die geringste Ahnung, dass ich sie beobachte.

Hier, in diesem Bereich, endet die Klamm. Bis hierher wird manchmal Entwurzeltes, Ausgerissenes ausgespuckt, was Regen und Unwetter auf ihrem schmalen Weg zwischen den Felsen vor sich hergetrieben haben. Zweige, Äste, Stämme, Gestein und Felsbrocken, Schotter, zerschlagene Knochen und Schädel von Tieren, die verunglückt oder in den unbarmherzigen Sog der Berggewalten geraten sind. Schon tagsüber und bei ruhigem Wetter ist dies hier ein Ort, der Respekt einflößt und dem Menschen seine unverrückbaren Grenzen aufzeigt. Wenn die Sonne den Eingang der Klamm in helles Licht taucht, sind Geröll, Gestein und Holz als Spielball der Elemente Zeugen für die unglaubliche und beeindruckende, die wilde Wucht von Wind und Wetter. Und doch ist dieses Ausmaß für den Menschen begreifbar, ist bei Tagesschein alles noch sichtbar und scharf umrandet.

In der Nacht jedoch verschmelzen die Konturen, entziehen sich Wald und Fels der genauen Wahrnehmung und alles verwandelt sich in ein geheimnisvolles, schwarzes Nichts, aus dem unheimliche Geschichten geflüstert werden, legt sich eine eigentümliche Düsternis über die Schlucht, zeigen Felsen und Bäume seltsame Umrisse, formen sich bedrohliche Gestalten und bringen damit unheimliches Leben in diesen gottverlassenen Abgrund. Verwandelt sich die Klamm im grauen Schleier eines Gewitters in eine angsteinflößende, unheilvoll brodelnde Hexenküche, hallt es laut und bedrohlich zwischen den zahllosen Klüften und Wänden, wirft sich ein grässliches Echo des Verderbens vor und zurück. Im Winter aber scheint hier die Zeit zu gefrieren, erstickt alles für lange Zeit in einer Hülle aus Stille, Eis und Schnee. Dann ist die Klamm Heimat von Starre und Kälte.

Meine Heimat, in der ich schon so viele ungezählte Tage verbringe, weil mich ein maßloses Unrecht hierher verbannt und man mir nicht vergeben hat. Büßen muss ich für diese Tat, von der ich nach all dieser Zeit kaum noch weiß. Ich bin nicht alleine hier. Es sind viele von uns, die hier ihre Sünden bezahlen müssen, ihr hoffnungsloses Dasein fristen. Und so sind die Geräusche der Nacht, die man in der Klamm wahrnimmt, nicht immer von dieser Welt. Wir sind die Verfluchten, sind Kreaturen der Finsternis. Verdammt, in den Nachtstunden umherzustreifen. Unruhig, rastlos. Gefangen im ewigen Schatten, geschwächt in unserer Stärke und Präsenz, weil man nicht mehr an uns glaubt, unsere Geschichten kaum erzählt werden und allmählich im Gedächtnis der Menschen erlöschen. Dennoch nimmt dies nichts von unserer Schuld, lässt uns so weiter auf Erlösung warten. Vielleicht vergebens.

Manche von uns haben sich mit diesem Schicksal abgefunden, sind träge geworden, antriebslos. Ich aber, ich horche und ich beobachte. All jene, die sich in die Klamm wagen, entgehen mir nicht. Auch jetzt, in diesem Augenblick. Aufmerksam höre ich der Gruppe, die sich am Rande des Schotterbandes versammelt hat, vernehme ihre Stimmen, die der Wind zu mir heraufträgt. Kennen sie meine Geschichte? Erzählen sie von mir?

Sie sitzen da unten und haben nicht die geringste Ahnung, dass ich sie beobachte.

Und tatsächlich, jetzt kommen sie auf mich zu sprechen und ich spüre, wie sich bei diesen Worten mein kaltes Blut in den Adern langsam erwärmt, der anfänglich milde Spott aus den Worten eines dieser Menschen zum Hohn wird und die innere Glut in mir belebt. Er glaubt nicht an mich, ignoriert meine Existenz, stellt mich als ein Hirngespinst der Alten hin, das nur in irgendwelchen Erzählungen seinen Platz gefunden hat. Jetzt lächle ich. Zum ersten Mal wieder seit langer Zeit. Er wird noch an mich glauben.

Vorsichtig gleite ich die Felsen hinab, streife an dichtem, spitzem Gestrüpp und schleiche mich unbemerkt näher. Sie werden gleich aufbrechen, packen bereits zusammen. Eine Blechdose wird unter wildem Gelächter in weitem Bogen gegen einen Felsen geschleudert, langsam sickert die restliche Flüssigkeit aus der Öffnung und ergießt sich über das trockene Gestein. Ich werde warten, bis sich die Gruppe in Bewegung setzt und ihn dann von ihr trennen. Und dann, als sie tatsächlich losmarschieren, springe ich sofort hinter ihn und löse ihm rechts die Schuhbänder. Er muss stehen bleiben, zwei Personen überholen ihn. Er schnürt die Bänder, ich ziehe links, zwinge ihn wieder zum Anhalten. Jetzt sind es seine Leute, die über ihn spotten, ihm einen Klettverschluss empfehlen. Schon trennen ihn einige Meter von den anderen, erneut muss er anhalten, um rechts zu schnüren. Kopfschüttelnd und mit einer knappen Entschuldigung auf seinen Lippen bedeutet er ihnen, dass sie doch weitergehen sollten, er würde schon nachkommen. Aber er wird es nicht. Er wird überhaupt nicht mehr kommen.

Er kniet, blickt verständnislos auf seine Schuhbänder, kurz schaut er auf, hört ein Geräusch. Er sieht sich um, doch es scheinen nur die Nacht und die Klamm zu sein, die ihn umgeben. Ein Gurgeln, ein Murmeln und Knacken aus den Bäumen. Wieder ein Geräusch, fast wie ein leises Lachen. Seltsam … Unbehagen steigt in ihm hoch, ja, ich kann es fühlen. Aber es ist längst schon zu spät.

Er erschrickt, ist überrascht, als ich auf seinen Rücken springe. Ich drücke meine Hände an den Hals, umschließe mit den Beinen den Brustkorb, damit er nicht schreien und die anderen warnen kann. Kurz dreht er sich im Kreis, ist verwirrt von dieser unerwarteten Attacke, während meine Last von Sekunde zu Sekunde schwerer wird. Auf dem Schotter versucht er abwärtszugehen, der Gruppe nach, die ihm helfen könnte, die keine Ahnung hat, was sich hinter ihr abspielt. Er beginnt mit den Zähnen zu knirschen, zu wanken, er keucht, atmet immer schwerer, weil mein Gewicht seine Lungen von hinten stetig zusammenpresst, die Rippen zu zermalmen scheint. Die Muskeln verkrampfen sich, er zittert jetzt am ganzen Leib, sucht vergeblich irgendwo Halt, zerschneidet mit hektischen Bewegungen die Luft vor sich, panisch um sich blickend in Unwissenheit, wer ihm da im Nacken sitzt und ihn mit dieser unglaublichen Kraft zu zerquetschen droht. Jetzt, jetzt stürzt er unter meiner ganzen Last zu Boden, kann sich zunächst noch mit den Armen abstützen. Doch dann versagen auch diese, knicken ein. Nicht einmal ein Röcheln kommt mehr aus seinem zusammengeschnürten Hals und allmählich bricht das Licht in seinen Augen, erlischt seine Kraft, spüre ich, wie das Blut in seinen Adern immer langsamer fließt, das Leben mit jeder Sekunde mehr und mehr aus allen Fasern seines Körpers weicht, sein Herz aufhört zu schlagen, sich nicht mehr wehrt gegen die Gewissheit, dass die Klamm jetzt auch nach seiner Seele greift.

Dann ist der Widerstand gebrochen, es ist zu Ende. Man wird keine Spuren finden. Nicht den geringsten Hinweis. Ich bin ein Gespenst. Ich ziehe mich zurück zwischen die Felsvorsprünge, in meine steinerne Heimat und kann wieder warten, bis die Nächsten kommen, sitzen und nicht die geringste Ahnung haben, dass ich sie … beobachte.

Klaubauf Kurbur

Im Dorfe Hötting spukt der Klaubauf, wird aber dort vom Volke nicht anders als Kurbur genannt. Er wohnt in der „Höttinger Klamm“, welche ein furchtbares Felsgeklüft ist. An einer Stelle neigen sich die Felsen über den zwischen ihnen hindurchziehenden Weg im Bogen gegeneinander, wie ein gothisches Gewölbe, so daß der Weg ganz dunkel wird. Dieser Engpaß führt den seltsamen Namen „die Hundskirche“. Der Klaubauf ist dort außerordentlich gefürchtet, besonders von der Kinderwelt, die einen Reim auf ihn hat, der sein Wesen und Wirken in schlagender Kürze bezeichnet. Dieser Reim lautet:

„Kurbur aus der Klamm
frißt d'Bub'n und d'Madl z'samm.“

In dieser Höttinger Klamm saß im Otternloch eine dämonische Spinne, die spann einst siebzehn Geisen auf einmal ein, und saugte deren Blut aus.

Mythen und Sagen Tirols, gesammelt und herausgegeben von Johann Nepomuk Ritter von Alpenburg, Zürich 1857, Nr. 18, S. 75.

Der Gesang der Saligen

Schwaz

Herbststürme. Weiter oben verhüllt der erste Vorbote des Winters mit einem frostigen Tuch die Gipfel und Joche, über das lange, weite Tal und die Ebenen entlang des Flusses streicht eisiger Nebel. Es hat leicht zu schneien begonnen.

Nur wenige Lichter brennen noch in dieser Nacht. Aus der hell gezimmerten Stube des Gasthauses, das in der Nähe des Zillers liegt, dringt gedämpfter Lichtschein nach außen ins frühe Novemberdunkel.
Nur noch ein Tisch mit halbvollen Weingläsern ist besetzt, drüben beim großen Holzofen. Eine Runde von Männern diskutiert aufgeregt miteinander, als sich die Türe öffnet und eine Gestalt hereintritt. Man schaut kurz und neugierig zu dem späten Besucher auf, wendet sich aber gleich wieder der Unterhaltung zu, während der neu angekommene Gast beim Wirt einen wärmenden Tee bestellt.

„Und ich sag's euch, ich habe ihn mit meinen eigenen Augen gesehen. Kohlrabenschwarz mit blauen Federn und mit Augen so rot wie die Glut der Hölle selbst. Auf der Friedhofsmauer ist er gesessen, der Vogel, bei meiner Seel', das schwöre ich. Dann habe ich nur mehr geschaut, dass ich weiterkomm. Wer weiß, was dieses Teufelsvieh mir sonst noch angetan hätte …"

„Rot war nur der Wein, den du da am Abend getrunken hast. Das ist's, was ich glaube!“,

sagt einer der Männer und erntet damit ein schallendes Gelächter. Doch es erstirbt, als sich der späte Gast, der am Nebentisch sitzt, erhebt und langsam auf die Runde zukommt.

„Stimmt es, was du da sagst? Einen schwarzen Vogel mit blauem Federkleid und purpurroten Augen?“

„Es ist die Wahrheit, auch wenn es mir hier in der Runde keiner glauben will …“

„Glaube? Wer schenkt in diesen Tagen schon jenen Dingen Glauben, die sich dem gesunden Menschenverstand zu verschließen vermögen? Die ungewöhnlichsten, die seltsamsten Dinge können geschehen, so viel ist sicher … Vor allem dort oben, nach den letzten Höfen, in der Finsternis des Waldes, an den Schrofen und Felsklüften, da, wo unsere Spuren mehr und mehr verlöschen und andere durchschimmern ... Hinter dem Raunen und Rauschen, das mit dem Wind aus dem Forst und von den Bergen zu uns herunterweht, steckt mehr, als wir uns eingestehen mögen …
Ich glaube dir und ich kenne auch die Geschichte, die man sich von diesem merkwürdigen, sonderbaren Tier erzählt.“

Es sind fragende Blicke, die jetzt auf dem Mann haften, und man bietet dem Fremden einen Stuhl an. Was und wie er das in diesen wenigen Sätzen gesagt hat, macht die Männer neugierig. Sie rücken näher zusammen, stützen ihre Köpfe auf die kräftigen, wettergegerbten Hände, wollen mehr erfahren. Dabei blicken sie in ein hartes, schroffes Gesicht, das jetzt in den Schein des Stubenlichtes rückt. Nur die Augen, sie erscheinen in einem ganz seltsamen Glanz, als der Alte zu erzählen beginnt.

„Vor langer Zeit hat nicht unweit von hier ein Jäger gewohnt. Der Lois. Fast alle Wege und Steige im Tal hat er gekannt. Bis spät im Herbst hast du ihn auf den Bergen, Almen und in den dichten Wäldern finden können und haben alle anderen mit ihrer Flinte schon längst nicht mehr getroffen, so hat er immer noch einen guten Schuss getan. Wie er einmal im August hinauf ist auf den Berg, hat er etwas gesehen, was er zuerst nicht glauben wollte. Zu unwirklich erschien ihm alles.
Eine Frau in weißem Gewand, zart und zerbrechlich, mit blassem Gesicht, mit hellen, langen Haaren ist bei einer Gams gestanden und hat sie am Kopf gestreichelt. Langsam und vorsichtig ist der Lois nähergekommen, doch als das Tier den Jäger erblickt hat, ist es sofort weggelaufen. Einzig die junge Frau ist stehen geblieben und hat ihn mit einem durchdringenden Blick angeschaut. Der Wind, der herunter von den Bergen geweht hat, ist ihr durch die unwirklich hellen Haare gefahren und dem Lois wurde es mit einem Mal deutlich, wen er da vor sich hatte.

‚Du bist ein Saligenfräulein, stimmt's? Aber … aber was tust du so weit herunten?'
‚Weißt du immer, wohin dein Weg dich führt?'

Sie ging ein paar Schritte weit zu einem kleinen Felsen, setzte sich darauf und schaute hinunter in den Talboden.

‚Die Berge atmen, hören, fühlen und sprechen. Sie sind niemals still. Kein Lebewesen hier kann sich ihrem Sog und ihrer unbändigen Kraft entziehen. Sanft und wütend, einladend und abweisend können sie sein.
Sie haben eine Seele, genau wie ihr Menschen. Aber sie sprechen zu euch, durch den Wind, die Wälder, durch die kleinen Bäche, die aus dem Herzen des Steins hervorquellen, wie Adern an der Oberfläche der steilen Hänge hinunter ins Tal drängen, um zu Flüssen zu werden …'

Der Lois hatte sich neben sie hingesetzt und lauschte den Worten dieses wunderbaren, seltsamen Wesens, das auf dem kalten Stein saß und erzählte.
Wie lange er da oben bei ihr war, konnte er später nicht mehr sagen, aber immer öfter trieb es ihn zurück zu dieser Stelle, um die Bergfrau zu treffen und ihr zuzuhören. Sie nahm ihn mit auf ihre Wege und mehr und mehr verfiel er dem Zauber des Saligenfräuleins. Und so zog allmählich der Herbst ins Land. Rotes und gelbes Laub, grell leuchtend in der Sonne, bunt und strahlend. Und doch auch Abschied brachte er mit sich.

An einem Nachmittag fand sich der Jäger wieder an der Stelle, wo er viele Male auf den Zauber des Berges gewartet hatte. Doch er wartete scheinbar vergeblich. Stundenlang harrte er aus und schon wollte die Sonne hinter den Gipfeln untergehen, als das Mädchen langsam und lautlos aus dem Wald auf ihn zukam. Sie schien fast zu schweben. Lois spürte ein Schnüren, ein Brennen ums Herz. Die Salige setzte sich stumm neben ihn und zwei Tränen liefen langsam an ihrer hellen Wange herab.

‚Ich merke es, Lois, dass du weißt, was ich dir sagen will. Eine Salige darf sich nie und nimmer in einen Menschen verlieben. Widerfährt es ihr doch, werden beide unabänderlich durch das Schicksal getrennt und das Glück fährt auf immer dahin. Leb wohl, Lois …‘

Mit diesen Worten musste der entsetzte Jäger feststellen, dass sich das Mädchen in einen großen Vogel mit schwarzem und blauem Federkleid verwandelte. Rote Augen blickten ihn noch einmal an, bevor das Tier seine Schwingen erhob und mit dem kühlen Wind davonsegelte. Ihre Worte hatten so hart und endgültig geklungen, so grausam …

Noch einige Male suchte er die Stelle auf, an der er die Salige das letzte Mal gesehen hatte. Irgendwann, so erzählt man sich, ist er dann fortgegangen, hinunter in den Süden. Man hat seither nie mehr wieder etwas von ihm gehört. Der Vogel aber, so wird berichtet, soll immer wieder am Ziller und weit oben im Wald gesehen worden sein …“

So endet die Geschichte des Alten, und stumm blicken sich die Männer in der Runde an. Als einer von ihnen anhebt, die Stille zu durchbrechen, steht der späte Gast plötzlich auf und geht mit langsamen Schritten zum Fenster. Er starrt bewegungslos hinaus in die Dunkelheit der Nacht.
Augenblicke vergehen. Es ist still in der Stube. Dann nimmt er Mantel und Hut und geht wortlos zur Türe in die Herbstkälte hinaus. Niemand wagt es, ihm zu folgen. Was zurückbleibt, ist eine unglaubliche Geschichte, aber auch eine alles einnehmende, traurige Leere.

Lois schließt die Türe des Wirtshauses hinter sich, überquert die Brücke, achtet nicht auf den eisigen Atem, den kalten, starren Hauch des Zillers, der unter ihm fließt. Der schmale Steig führt hinein in den Wald. Lois kennt den Weg, geht weiter und weiter, immer weiter, bis er an eine Lichtung kommt und dort stehen bleibt. Sein Herz pocht, und sein Atem geht schnell. Jetzt ist er müde geworden. Er blickt hinauf über die Wipfel der Bäume. Langsam beginnen die Schneeflocken weniger zu werden, bis ihr übermütiger Tanz zu Ende ist. Dann, auf einmal, reißt der Himmel oben auf und gibt den Blick frei auf den großen Felsen weit über ihm.

Ein leichter Wind bläst dem Lois ins Gesicht, sanft, wird schwächer und schwächer und schläft schließlich ganz ein. Es ist völlig still hier draußen, kein Laut ist zu vernehmen. Doch plötzlich hört er sie. Die Stimme des Berges, den Gesang. Zuerst noch weit weg, dann immer klarer. Keine Angst mehr, keine Zweifel. Nur mehr die Gewissheit. Es ist ihr Gesang, ihre Stimme. Lois wartet. So, wie er damals gewartet hat. Und dann, dann sieht er einen Schatten in der Dunkelheit. Er streckt die Hand aus und der Vogel landet lautlos, sanft und geschmeidig darauf. Lois zittert leicht. Das Tier mit dem schwarzblauen Federkleid sieht ihn mit seinen feuerroten Augen an. Regungslos. Einen kurzen Moment lang. Dann erhebt es sich wieder, um im kühlen Nachthimmel zu verschwinden. Das allerletzte Mal. Und wieder beginnt es zu schneien.

Gelähmt und unschlüssig beraten sich die Männer im Gasthaus. Sie sind unsicher über das Verschwinden des Alten. Irgendwie haben sie das Gefühl, dass er genau weiß, was er zu tun hat. Dennoch: Was, wenn er sich da draußen in der kalten Novembernacht verläuft, gar verletzt? Sie müssen ihn suchen. Fast zeitgleich erheben sie sich in ihrer gemeinsamen Verantwortung, in die sich eine brennende Unruhe mischt. Sie brechen auf.

Und sie finden ihn. Oben bei der Lichtung. Der leblose Körper ist noch warm, schon ein wenig mit Schnee bedeckt, das Gesicht starr. Und doch … mit einem Lächeln geziert, wie es die Männer noch nie gesehen haben. Ein Ausdruck dessen, was man tiefen Frieden nennen würde.

Der Frauenstein

Tief im Laimacher Walde, der sich oberhalb des Dörfleins Laimach im Zillertal ausbreitet, liegt ein von mächtigen Fichten umschatteter Felsblock, der Frauenstein genannt. Hier sah man hie und da, wenn das silberne Licht des Mondes sich über die hohen Wipfel ergoß, liebliche salige Frauen in langen, schneeweißen Gewändern auf dem Felsen sitzen, und ihr wunderbarer Gesang vereinte sich mit dem geheimnisvollen Rauschen des Waldes.

Sagen aus Innsbruck's Umgebung, mit besonderer Berücksichtigung des Zillerthales, gesammelt und herausgegeben von Adolf Ferdinand Dörler, Innsbruck 1895, S. 4.

Jetzt werden sie auch noch dich holen

Kufstein

Robert starrte hinaus in den Herbstabend, auf den braunen Waggon gegenüber, weiße Buchstaben auf blauem Grund, welche sich zu einer Hinweistafel in deutscher, französischer und italienischer Sprache zusammenfügten. Der Waggon war Teil eines Güterzuges, der seltsam verloren wie eine starre, ermüdete Schlange auf dem Gleis stand und über den sich nun die kalte Finsternis gelegt hatte. Ein uferloses, schwarzes Nichts, nur mühsam bekämpft durch gelbes und weißes Licht.

Mehr und mehr füllte sich der Zug, ein Murmeln, ein Flüstern, niemand, der laut sprach. Sogar die Reisenden schienen sich der Nacht und ihrer Stille anzupassen. Kurz blickte Robert auf, ließ seinen Blick über die letzten Fahrgäste schweifen, die gerade zugestiegen waren. Dann nahm er wieder seine Kamera zur Hand, kontrollierte zum wiederholten Male die Aufnahmen, zoomte näher, versuchte bereits das passende Bild zur Geschichte, zu seiner Geschichte, zu finden.

Das Licht am Friedhof war perfekt gewesen. Genau richtig. Er hatte weiß Gott wie viele Aufnahmen gemacht, war mit Sicherheit eine Stunde lang zwischen den Gräbern unterwegs gewesen, bis die Kälte auch in die letzte Faser seines Körpers gedrungen war. Und er lachte in sich hinein. Lachte über den alten Mann am Ausgang, der ihn ermahnt hatte, nichts von den Toten mitzunehmen. Nicht einmal die Bilder dieser letzten Ruhestätte.

Langsam begann sich sein Körper wieder aufzuwärmen. Er streckte seine starren, kalten Glieder, die sich wie Blei anfühlten, lehnte sich an die Scheibe, schloss die Augen und lächelte zufrieden. Die Bilder, die Geschichte. Sie würden einfach perfekt zusammenpassen. Den Text hatte er bereits Veith, seinem Verleger, geschickt, war gespannt auf dessen Reaktion, war sich sicher, dass alles einfach stimmig sein würde. Heute noch wäre alles Restliche zu klären beim Termin in Veiths Haus nahe Wörgl.

Der Zug setzte sich jetzt mit einem kaum merkbaren Ruck in Bewegung. Robert starrte hinaus auf die Bahnsteige, die Lichter, auf Lärmschutzwände, die immer schneller an ihm vorbeizogen. Wenige Augenblicke später hatten sie die Festungsstadt verlassen und jagten durch die Nacht aufs freie Feld hinaus. Er wechselte seine Sitzposition ein wenig und wollte erneut zur Kamera greifen, als er mit einem Male eine Veränderung im Wagen wahrnahm.

Alle Passagiere schienen ihn förmlich anzustarren, mit kalten Blicken zu fixieren. Männer, Frauen, Kinder. Jene, die nach dem Einstieg mit dem Rücken zu ihm gesessen waren, hatten sich nun umgedreht. Auch sie starrten schweigend und unbeweglich vor sich hin, teilweise seltsam und altmodisch gekleidet. Traditionalisten? Extravagante? Schauspieler? Zeitreisende? Robert war verwirrt, irritiert. Und warum hatten sich alle Blicke auf ihn geheftet? Warum?

Er drehte seinen Kopf zum Fenster, um sein Spiegelbild zu kontrollieren. Möglicherweise hatte er … hatte er etwas am Kopf, eine kuriose Frisur, nachdem er die Mütze … Nein, nein, nichts davon war der Fall.

Und immer noch starrten sie. Alle Fahrgäste. Sie starrten ihn an und schwiegen beharrlich. Kein Murmeln, kein Flüstern. Nur minutenlange, verdammte Stille. Totenstille. Und draußen die kalte Nacht, die am Fenster vorüberzog.

Ein leichtes Unbehagen begann in Robert emporzusteigen. Er packte seine Kamera in den Rucksack, die Mütze, den Schal, stand auf, ging vorbei an der schweigenden Menge, die jede einzelne seiner Bewegungen zu verfolgen schien. Er konnte die Blicke, die aus unbeweglichen, gespenstischen Masken auf seinen Körper trafen, förmlich spüren, ließ sich aber nicht beirren, ging weiter hin zur Schiebetüre. Gleich würde er aussteigen und sie konnten weiterfahren, sich jemand anderen suchen, den sie mit ihren Augen verzehren würden. Noch einmal drehte er sich um … und erstarrte. War da hinten nicht dieser Mann? Der vom Friedhof? Nicht einmal die Bilder hätte er mitnehmen dürfen von dieser letzten Ruhestätte, hatte er ihm erklärt. Das war er bestimmt gewesen. In der vorletzten Reihe konnte er ihn ganz eindeutig erkennen. War er Robert gefolgt? Aber … weshalb nur? Wie konnte dies sein?

Der Zug verlangsamte die Fahrt und Robert riss sich aus seinem düsteren Gedankenspiel, jetzt schnell hinaus und diese seltsame Schar des unseligen Schweigens und Betrachtens hinter sich lassen, den Knopf drücken, die Stufen hinunter. Hinaus. Jetzt. Schnell. Ohne sich umzudrehen. Einfach davon …

Veiths Haus lag etwas außerhalb der Ortschaft auf einem Hügel in der Nähe des Waldes. Robert hatte sich vom Bahnhof aus zu Fuß auf den Weg gemacht, ging jetzt einen einsamen Feldweg entlang, der sich durch die eiskalte Nacht hinauf zu dem Gebäude schlängelte und dort endete. Seltsamerweise drang aus dem Haus jedoch kein einziger Lichtstrahl. Nicht ein Funken Helligkeit. Es schien, als hätte die Dunkelheit völlig von ihm Besitz ergriffen und es in eine abgrundtiefe Schwärze gerissen. Veiths Silhouette war jedoch bereits an der großen Schiebetüre im Erdgeschoß zu erkennen. Aber weshalb stand er dort in absoluter Finsternis?

Als Robert das Haus erreicht hatte, hielt er einen Augenblick inne. Es war völlig still hier, bis auf eine kühle Brise, die aus der Nacht entstiegen war und beständig vom Tal heraufstrich, sich in den mächtigen Eichen, die den riesigen Garten vor dem Haus säumten, verfing und so eine eigentümliche, säuselnde Musik zu spielen schien. Hinter dem Gebäude, wo das abschüssige Gelände allmählich in eine sumpfige Ebene überging, ragten die dürren Skelette dutzender Schwarzerlen unheimlich in den Himmel.

Sollte er Veith von dieser seltsamen Episode im Zug erzählen? Sollte er? Oder würde sich dieser lediglich lustig machen, zähen und beißenden Spott gießen über einen durcheinandergeratenen Autor, der auf Eisenbahnschienen nun selbst zum Opfer seiner verschachtelten Gruselgeschichten und Einbildungen geworden, entgleist war? Verwirrt und eingenommen von Zerrbildern, seinen eigenen Empfindungen, die mitunter mehr als grob übers Ziel hinausschießen konnten.
Die Haustüre stand einen Spalt weit offen, zitterte leicht im Nachtwind. Seltsam. Aber vielleicht hatte Veith ihn schon vom Fenster aus am Feld gesehen.

Robert betrat den Vorraum, drückte den Lichtschalter. Nichts geschah. Noch immer bewegte er sich im absoluten Dunkel. Glücklicherweise kannte er die Räumlichkeiten, war vertraut mit der Lage der Kästen, der Garderobe im Vorraum. Vorsichtig tastete er sich weiter, bis er auf die schwere Holztüre stieß, die in den großen Wohnraum führte. Sie war geschlossen.
Vorsichtig drückte Robert die Klinke herunter. Im ganzen Haus herrschte eisige Stille. Drückend und zugleich unheimlich. Irgendwie schien es, als würde sie sich auf seine Brust legen und ihm allmählich den Atem abschnüren.
Die Türe schwang mit einem Ruck auf und gab den Blick auf die riesige Glasfront des Raumes frei, hinter der das Inntal nun mit seinen zahllosen Lichtern und seinen in der Nacht verborgen scheinenden Bewegungen aufflackerte. Und ganz drüben bei der Schiebetüre, die

auf die Terrasse hinausführte, stand die massige Gestalt des Verlegers.

„Veith! Veith? Ist alles in Ordnung? Warum um alles in der Welt ist es im gesamten Haus stockdunkel? Hast du … hast du vielleicht deine Stromrechnung nicht bezahlt oder so?“

Keine Antwort. Robert betrat nun den Wohnraum. Langsame, sanfte Schritte am Parkett. Ein kalter Windstoß drang ihm entgegen. Veith stand nach wie vor bewegungslos da und starrte in die Nacht hinaus.

„Es ist spät. Wir haben nicht mehr viel Zeit, Robert“,

flüsterte er.

„Aber wir haben uns doch für diese Uhrzeit verabredet! Ich hab exakt den Regionalzug genommen, den ich dir angekündigt habe …“

Jetzt wandte Veith den Blick von der Finsternis da draußen ab. Robert spürte, wie seine Augen auf ihm zu haften schienen, obwohl er sie in der Dunkelheit nicht sehen konnte. Er blieb stehen, ihn fröstelte.

„Robert, glaubst du eigentlich an das, was du schreibst? Ich meine, an deine … Geister, den Spuk, die Dämonen und Teufel?“
Verwirrt kratzte sich Robert am Hinterkopf. Was war denn das für eine seltsame Frage? Und was ging hier

eigentlich vor? Ein Haus in völligem Dunkel, die geöffnete Terrassentür, durch die immer eisigere Luft zu dringen schien.
Veith kam näher, sprach leise und dennoch schien seine Stimme den gesamten Raum auszufüllen.

„Wir beschäftigen uns in deinem Buch mit dem Unwirklichen, dem Unergründlichen. Mit einer Welt, die weit weg von dem liegt, was wir heute, im Hier und Jetzt, erleben.
Es ist ein Griff ins Dunkel, Robert, den wir hier wagen und machen, weil wir die Leserschaft unterhalten und ihnen vielleicht auch ein wenig das Fürchten beibringen wollen. Es ist ein Griff ins Dunkel … und manchmal greift es zurück, weißt du?
Ich war gestern auch am Friedhof. Aus reiner Neugierde. Ich habe fotografiert, mir die Sage, auf deren Grundlage du deinen Text schreiben wolltest, durchgelesen. Ich fand sie faszinierend. Furchtlose Männer, die einem Schatz hinterherjagen, sich über die Grenzen des Wahrnehmbaren hinwegsetzen.
Und nun? Nun müssen wir beide, du und ich, einsehen, dass wir diese Grenze überschritten haben. Müssen akzeptieren, dass es manche Dinge gibt, die man besser ruhen lassen sollte. Wir hätten die Totenruhe ernst nehmen und sie nicht stören sollen. Es wäre besser gewesen. Besser. Es ist nicht mehr viel Zeit.“

Robert verstand immer noch nicht genau. Warum war Veith, ohne ihn zu informieren, ebenfalls auf dem Friedhof in Kufstein gewesen? Sie hätten doch beide gemeinsam fahren können …

„Wir sind zu weit gegangen. Wir haben tatsächlich ins Dunkel gegriffen, mein Freund. Und jetzt hat man unsere Hand gepackt und reißt uns hinein in die Finsternis."

Veith kam immer näher und mit ihm, so schien es, diese grausige Kälte, die sich von Sekunde zu Sekunde verstärkte und unerbittlich in Roberts Adern kroch. Und dann erstarrte er vor Entsetzen, vor Atemlosigkeit. In Veiths Augen schimmerte nur ein mattes Weiß. Wie bei einem Blinden. Oder jemandem, der vielleicht zu viel gesehen hatte.

„Scheiße, Mann! Was ist mit dir? Was ist passiert? Rede doch!"

Veith deutete hinaus in die Nacht. Der Mond hatte sich jetzt durch die Wolken geschoben und warf sein Licht auf mehrere dutzend Gestalten, die sich entlang der Zufahrtsstraße langsam auf das Gebäude zubewegten.

„Du hast immer noch keine Ahnung, Robert. Sie kommen. Und wollen Rache. Gestern haben sie mich mitgenommen. Und jetzt … jetzt werden sie auch noch dich holen."

Das „Totenbahrenziehen" in Kufstein

Vor langer, langer Zeit, als noch da und dort ein Schatz gehoben wurde, überkam manche Leute so sehr die Gier nach Gold, dass sie zu allen möglichen Mitteln Zuflucht nahmen, um einen Schatz ausfindig zu machen, wobei sogar manchesmal – wie es ja jedermann bekannt ist – die Hilfe des „Bösen" in Anspruch genommen wurde.

So trachteten nun zur damaligen Zeit einige geldgierige Bewohner Kufsteins auf folgende Weise hinter einen Schatz zu kommen:

In der Nacht begaben sie sich hinaus auf den Friedhof, wo sie eine Todtenbahre auf einen Karren legten, welchen sie zwischen 11 und 12 Uhr dreimal herumziehen mussten. Gelang das, so erfuhren sie, wo der Schatz zu heben sei. Das war aber eine furchtbar schwere Arbeit, denn je länger sie zogen, desto schwerer wurde die Last, weil bei jedem Schritte sich arme Seelen auf den Karren setzten, um das Vorwärtskommen zu verhindern. Einige Männer schoben hinterdrein und schlugen immer wieder hinunter, was sich hinaufsetzte. Das drittemal kamen sie meist gar nicht mehr herum, so schwer wurde trotzdem der Karren, und wenn es 12 Uhr schlug, mussten sie außer dem Friedhofe sein, sonst wehe ihnen! Einmal lief gerade einer, als es 12 Uhr schlug, durch das Friedhofthor. Da riss ihm eine unsichtbare Hand den Mantel herunter; er kam gerade noch aus und lief, was er konnte, aber auch eine ganze Menge von Geistern hinter ihm her. Des andern Tags fand man ihn auf dem Wege liegen, und kurze Zeit darauf starb er.

Volkssagen, Bräuche und Meinungen aus Tirol, gesammelt und herausgegeben von Johann Adolf Heyl, Brixen 1897, Nr. 27, S. 66f.

Das Geschenk

Kitzbühel

Er hatte sie schon öfter gesehen. Seit einigen Tagen schlich sie immer wieder um sein Haus, stand jetzt am Gehege unterhalb des Grundstücks, auf dem etwa ein Dutzend junger Esel weideten und genüsslich an würzigen Gräsern kauten.

Gerade gestern war sie vor ihm an der Kassa des Supermarkts im Ort gestanden, diese unvorstellbar ekelhafte Frau, die so säuerlich und irgendwie auch nach Verwesung roch. Noch jetzt, hier in seinem Wohnzimmer, stieg ihm dieser unbeschreibliche Geruch in die Nase. Sie hatte Honig, Eier, irgendwelche Gewürze, Staubzucker und Mehl auf das Förderband gelegt, war sich immer wieder mit ihren knorrigen und schmutzigen Fingern durch das Haar gefahren und hatte unverständliches Zeug gemurmelt, während sie auf die Waren vor sich starrte. Eine ungepflegte, eine hässliche Person, alt, in fast geduckter Haltung, mit schiefen, gelben Zähnen und einer unglaublich großen Hakennase. So etwas war ihm überhaupt noch nie untergekommen. Und er, als international agierender Geschäftsmann, war schon weit gereist, auf allen Kontinenten gewesen, hat vieles erlebt und vieles gesehen. Angewidert hatte er versucht, den Abstand zu ihr etwas zu vergrößern, ganz, ganz vorsichtig, indem er ständig einige Zentimeter zurückwich, immer weiter, bis er dem Bauarbeiter hinter sich beinahe auf dessen schmutzig grauen Arbeitsschuhe gestiegen war. Er nickte verlegen, brummte eine Entschuldigung und atmete im wahrsten Sinne des Wortes auf, als die Frau schließlich mit ihren Einkäufen, die sie in einem Bastkorb verstaut hatte, das Geschäft verließ. Endlich. Und ja, er wähnte sich nicht alleine, vermeinte, ein allgemeines Gefühl der Erlösung auf den Gesichtern der anderen Kunden, die sich an dieser Kasse angestellt hatten, zu sehen. Ein kollektives Durchatmen. Die Frau war nun nicht mehr zu sehen.

Jetzt aber stand sie draußen auf dem Weg, stierte bewegungslos auf das Haus, sein Haus. Die gelben Zähne blitzten grässlich in der hellen Frühlingssonne zu ihm herauf. Es war zu scheußlich. Grauenhaft. Und es war genug. Ganz eindeutig. Er riss die Balkontüre mit einem kräftigen Ruck auf, stürmte hinaus und krallte seine Finger ins Holz der Brüstung.

„He, Sie! Was zum Teufel tun Sie da eigentlich? Was bitte ist so interessant an meinem Haus, dass Sie Löcher hineinstarren? Seien Sie so freundlich und erklären Sie mir es einfach."

Die Frau neigte ihren Kopf leicht zur Seite und setzte ein schiefes Lächeln auf, das ihr gewaltiges, unheimliches, schauriges Gebiss noch mehr entblößte. Hatte sie sich bislang auf einen dünnen Gehstock gestützt, setzte sie diesen nun wie einen Zeigestab ein und deutete mit bedeutsamen Gesten auf die Hausfront, das Dach, das ganze Gebäude.

„Ein schönes Haus haben Sie da. Wirklich, sehr schön. Ziemlich neu, nicht? Woher kommen Sie denn? Nicht aus dieser Gegend, hm? Ich hab Sie hier erst ein paar Mal gesehen. Gestern auch, ja, natürlich, ich erinnere mich. Natürlich. Sie … Sie standen an der Kassa hinter mir. Genau. Haben eine ganz schöne Menge eingekauft. Viel. Ist ja auch ordentlich Platz in Ihrem schönen Geländeauto. So groß und geräumig …"

„Halt, Moment! Sie spionieren mir nach? Ernsthaft? Sagen Sie, was glauben Sie eigentlich, wer Sie sind? Und mit wem verdammt noch mal Sie es zu tun haben?"

Plötzlich wich das Lächeln aus ihrem Gesicht, ihre Züge verzerrten sich in Sekundenbruchteilen zu einer bösartigen Fratze. Sie schlich näher, schien fast zu flüstern. Und dennoch konnte er klar und deutlich verstehen. Jedes einzelne Wort.

„Ich weiß ziemlich genau, wer Sie sind. Glauben Sie mir. Ich habe es mit jemandem zu tun, der den Anschein erwecken möchte, seit jeher hier zu wohnen, ein braver Gemeindebürger zu sein. Ich stehe vor jemandem, der in Wirklichkeit Geld und Steuern spart, uns alle betrügt und nur ein paar schäbige Wochen hier in dieser Region verbringt. Aber … Aber wissen Sie was? Müssen ja nicht alle wissen, oder? Ich bin eine, die Geheimnisse für sich behalten kann. Versprochen. Und Sie werden es mir nicht glauben, aber ich freue mich trotzdem! Ja, ich bin mir sogar ganz sicher, dass wir noch gute Nachbarn werden. Ganz bestimmt … Bis bald! Einen wunderschönen Tag wünsche ich Ihnen! Auf Wiedersehen."

Mit diesen Worten schwenkte sie ihren Gehstock theatralisch zum Abschied, lachte laut und gackernd auf und schlurfte langsam, leicht hinkend mit ihren kleinen Füßen davon, bis sie hinter einer kleinen Baumgruppe verschwand. Nicht ohne ein Stirnrunzeln, ein riesengroßes Fragezeichen in seinem Gesicht zu hinterlassen. Ein befremdlicher Auftritt war das. Und irgendwie unheimlich, unerklärlich. Woher um alles in der Welt konnte sie denn wissen, dass …
Keine Chance. Normalerweise. Er hatte alles perfekt geplant. Und war nun doch ein wenig beunruhigt. Eine Zeit lang stand er noch auf dem Balkon und blickte auf die blühenden Gräser, die grünen Wiesen und die grauen, abgerundeten Riesen der Kitzbüheler Alpen, die sich scharf gegen den blauen Maihimmel abgrenzten. Dann ging er wieder hinein, musste nachdenken. Zwei Gläser Schnaps vertrieben seine düsteren Gedanken fürs Erste.

Der nächste Morgen.
Vier Termine an einem Vormittag. Das würde sehr, sehr stressig und intensiv werden, aber mit Sicherheit verdammt gut für das Geschäft.
Er trank seinen Kaffee, schwarz, mit etwas Zucker, aß sein Buttercroissant und hatte die Zeitung vor sich ausgebreitet. Er genoss das übliche Ritual. Dann stand er auf und ging ins Schlafzimmer. Blaue Jeans, weißes

Polo-Shirt, ein grauer Sakko eines französischen Designers, die braunschwarze Sonnenbrille. Alles passte – wie immer – perfekt zusammen.
Bevor er das Haus verließ, warf er noch einen Blick in den Spiegel, schlüpfte in seine weißen Sneaker und öffnete die Türe. Ein kleines Paket lag auf dem Fußabstreifer. Blaues Geschenkpapier, fixiert mit einer goldenen Masche, ein kleines Kuvert. Aber woher? Von wem? Er schaute sich um, konnte aber niemanden sehen. Es war still an diesem Morgen, so wie immer hier oben. Einzig die Esel im Gehege waren neugierig geworden und schlichen langsam den Hang herauf, um ihn erwartungsvoll aus ihren großen, dunklen Augen zu beobachten. Jetzt standen sie nebeneinander aufgereiht am Holzzaun und wackelten mit den Ohren.
Er nahm das Paket, schüttelte es vorsichtig. Es war federleicht. Seltsam. Er öffnete das Kuvert und sein Gesicht verzog sich zu einer Grimasse.

„Auf gute Nachbarschaft!"

Zwei Tage später.
Er hatte das Geschenk an jenem Morgen beiseitegelegt, auf den Schlüsselkasten links hinter der Eingangstür. Vermutlich hatte ihn die Alte nur provozieren wollen, denn das Päckchen war ziemlich sicher leer und er nicht in der Stimmung, ein vermeintliches Nachbarschaftspräsent dieser stinkenden Hexe zu öffnen.
Dennoch. Immer wieder zwischen seinen Terminen, die ihn bis Innsbruck und Salzburg führten, beschäftigte

ihn das Geschenk, schlich sich wiederholte Male in seine Gedanken. Was, wenn sie es doch ernst meinte? Heute Abend, beschloss er, es zu öffnen. Zu groß war seine Neugier.

Am Abend öffnete er eine Flasche Zirbenschnaps, goss die sattbraune Flüssigkeit in ein Glas und setzte sich auf das Ledersofa im Wohnzimmer. Draußen tauchte der Mond die grandiose Silhouette des Wilden Kaiser in ein sanftes, schaurig-silbernes Licht.
Das Paket lag vor ihm auf dem Tisch. Er fixierte es einige Sekunden, lehnte sich zurück, nahm einen kräftigen Schluck und dann das Geschenk in seine Hände. Leicht wie Luft. Wieder grinste er, war jetzt wirklich gespannt. Ein … ein Gutschein vielleicht? Ja, das könnte sein …
Vorsichtig schnürte er die Masche auf, legte das blaue Papier beiseite. Ein braunes Kästchen aus Holz kam zum Vorschein. Er öffnete es schnell und staunte. Haare. Lange, graue Haare. Was hatte das denn zu bedeuten?
Er nahm sie in die Hand, ließ sie durch seine Finger gleiten. Sie fühlten sich seltsam rau an. Eine Art Stallgeruch schien an ihnen zu haften. Tierhaare, so vermutete er, legte sie, etwas enttäuscht, wieder in die Schachtel zurück und trank noch einmal vom Schnaps. Das Brennen des Alkohols, intensiv und feurig, schien durch seinen gesamten Körper zu fahren. Tierhaare …
Als er das Glas absetzte, hielt er für einen kurzen Moment inne. Etwas im Raum hatte sich verändert. Es roch irgendwie seltsam. Und dann wanderte sein Blick zur Türe. Das konnte doch nicht sein! Nein, auf keinen Fall!

Im Türrahmen stand die Alte und betrat nun den Raum. Sie lächelte ihn an, kam näher und näher. Unglaublich, diese Dreistigkeit!

„Wie … wie sind Sie hier hereingekommen? Was fällt Ihnen ein, mein Haus einfach so zu betreten?“

Die Frau stand mitten im Zimmer vor dem gläsernen Tisch neben dem halbleeren Bücherregal. Sie lächelte immer noch. Ein verstörendes, unheimliches Lächeln. Sekunden verstrichen. Stille. Keiner von beiden sprach ein Wort, während sich draußen schwarze Wolken schwerfällig vor den Mond schoben und sein Licht abschwächten, verdunkelten.

„Sie sind also doch noch neugierig geworden. Dachte ich mir. Ich kenne die Leute. Sehr gut kenne ich sie. Wollen Sie sich denn nicht bei mir bedanken für das Geschenk? Ach so, ja, Sie fragen sich bestimmt, was Sie damit anfangen sollen. Natürlich. Sagen wir, es ist … eine Art Vorgeschmack. Ein Hinweis, eine Richtung, eine Spur, die ich Ihnen gelegt habe.“

„Verlassen Sie sofort mein Haus! Ansonsten lege ich Ihnen einen roten Teppich und wickle Sie höchstpersönlich darin ein, hören Sie? Oder was halten Sie beispielsweise von einem kurzen Anruf bei der Polizei, der Sie dann erklären können, was Sie mitten in der Nacht in meinem Haus treiben? Ich habe absolut keine Lust, jetzt Ihre Spielchen zu spielen. Also los, verdammt, scheren Sie sich jetzt davon! Ich …“

Noch einen Schritt näher. Die Frau stand jetzt etwa zwei Meter entfernt von ihm und langsam konnte er ihren unangenehmen Geruch wahrnehmen. Er stieg in seine Nase, verschaffte ihm unbändigen Ekel und den Wunsch, sie sofort nur zu packen und aus diesem Zimmer, aus diesem Haus zu jagen. Hinfort für alle Ewigkeit … Doch als er sich erheben, agieren wollte, spürte er mit einem Male eine bleierne Müdigkeit, die sich über ihn gelegt zu haben schien. Von einer Sekunde auf die andere war er nicht mehr fähig, auch nur eine Hand, einen Finger zu rühren. Wie ein Gift, das sich immer stärker ausbreitete, schleichend durch seine Adern fuhr, ergriff diese unbeschreibliche Müdigkeit Besitz von seinem ganzen Körper und legte ihn ganz allmählich lahm …

„Es wird ein bisschen dauern. Das ist bei so einem Prozess völlig normal. Alles andere wäre ja auch ein Wunder. Und möglicherweise, das ist meist zu beobachten, könnte es auch ein wenig schmerzhaft werden. Man sieht es ganz, ganz deutlich am Gesichtsausdruck, denn man ist trotz dieser Lähmungserscheinung, die wirklich den gesamten Leib befällt, bei vollem Bewusstsein. Die ganze Zeit. Und nicht nur die Sekunden dehnen sich dabei!“

Jetzt setzte sich die Alte etwas ungelenkig auf den Tisch, beugte sich nach vorne, bis sie wenige Zentimeter vor seinem Gesicht innehielt und ihn aus ihren dunklen Augen stumm anstarrte. Ihr Atem schlug auf seine Nase, seine Wangen, seine Lippen. Sekunden verstrichen in schier unendlicher Langsamkeit. Eine unheimliche Stille hatte sich in den Raum geschlichen.

„Ihr Verschwinden wird für immer ein Rätsel bleiben. Sie werden einfach nicht mehr auftauchen. Sie sind weg. Ein Geschäftsmann, der seinen illegalen Nebenwohnsitz hier von heute auf morgen verlassen, die Zelte fluchtartig abgebrochen und sich vermutlich mit einem nicht unbeträchtlichen Vermögen ins Ausland abgesetzt hat. Irgendwohin. Vielleicht nach Südamerika, aufs Land, wo er seine schäbigen Spuren verwischen kann, vielleicht eines Tages weiterzieht. Und nach einiger Zeit wird keiner mehr von Ihnen reden. Sie werden in Vergessenheit geraten. Dabei sind Sie – und das ist die eigentliche Ironie an der Sache – allen, die Sie hier suchen werden, so nahe. So unbeschreiblich nahe …"

Seine Glieder begannen nun, bedingt durch ein heftiges, unbestimmbares Ziehen, zu schmerzen. Angst stieg in ihm auf. Pures Entsetzen, das sich wie eine dunkle, unaufhaltsame Welle in seinen Kopf wälzte und ihn zu überschwemmen drohte, während er die Worte der Frau dumpf und wie aus einer anderen Welt hinter einem Schleier vernahm.

„Natürlich wird man mich auch befragen. Selbstverständlich. Aber ich habe nichts gehört und nichts gesehen von Ihnen. Ich werde den Kopf nur mitleidig schütteln und jenen, die Sie suchen, nur das Allerbeste wünschen. Niemand wird auch nur im Entferntesten auf

die Idee kommen, mich zu verdächtigen. Ein altes, hilfloses Weiblein, das mit seinen Eseln friedlich auf einem Bauernhof lebt und dann und wann seine Einkäufe im Ort tätigt. So harmlos, so unscheinbar.
Es wäre ja auch zu absurd, wenn man die ganze Wahrheit erfahren würde, weil sie niemand auch nur im Entferntesten begreifen könnte. Nicht in einer Welt wie dieser, gelenkt von Modernismus und rücksichtslosem Fortschritt, bevölkert von einer selbstverliebten und überheblichen Gesellschaft, die glaubt, alles zu wissen und unter Kontrolle zu haben. Wie erbärmlich, wie verblendet seid ihr alle bloß, den Blick immer nur gehetzt auf die Zukunft zu richten, anstatt die Vergangenheit genauso zu berücksichtigen? Eine Vergangenheit, aus der sich das für euch doch so Unglaubliche schälen und lösen kann. Ganz, ganz unverhofft. Im Guten wie im Bösen. Und in Ihrem Falle ist es nun die zum Albtraum gewordene Realität der Gerechtigkeit, der Sie jetzt gegenüberstehen. Meine Schwester drüben in Ellmau, die hat auch einmal Gerechtigkeit geübt. Vor langer, langer Zeit. Danach nie wieder.
Ich hingegen, müssen Sie wissen, bin tatsächlich auf den Geschmack gekommen. Und wenn, ja wenn Ihre Verwandlung dann gänzlich abgeschlossen ist, werden Sie mich folgsam und still hinausbegleiten, ganz ohne Widerstand hinunter zur saftig grünen Weide und niemand wird sich über einen weiteren … Esel wundern …“

Zehn Jahre als Esel

Ein junger Knecht aus der Ellmauer Gegend wurde von einem Weiblein, das eine Hexe war, angebettelt, gab ihr aber das Verlangte nicht. Voll Zorn sprach dasselbe:

„Du sollst ein Esel sein!“

Und auf einmal ward er in einen Esel verwandelt. Traurig marschierte er nun seinem Dienstorte zu, in der Hoffnung, dort erkannt zu werden.

„Wem gehört denn der Esel?“, rief man.

„Treiben wir ihn aus!“

Doch der Esel kam immer wieder und hörte alles, was man zu ihm sagte, konnte aber selbst nichts reden als i, a. Im Sommer gieng's wohl so, aber im Winter erfror er fast. Zehn Jahre vergiengen. Da begegnete eines Tages ein altes Männlein dem Esel. Es hatte einen Sack auf dem Rücken und schien gar schwer daran zu tragen. Der Esel dachte sich: Ach, wenn er nur mir den Sack auflegte, ich würde ihn gerne tragen. Und wirklich, bald lud das Männlein seine Last auf des Grauen Rücken.

Es gieng voran, der Esel ihm bedächtig nach bis zu des Männleins Heim. Zum Abschiede sagte nun das Männlein zum Esel:

„Du solltest am Antlasstage den Kranz von einer ganz reinen Jungfrau fressen."

Der Esel gieng, im Herzen dem Männlein aufrichtig dankend, mit dem festen Vorsatze, das zu thun. Der Antlasstag war bald da. Unser Esel stellte sich nun hinter den Zaun, bei dem die Procession vorbeizog. Aber man jagte ihn fort. Doch der Esel kommt immer wieder, und endlich gelingt es ihm, den „Gwödlkranz" vom Kopf eines dreijährigen Mägdleins, das auf dem Arme seiner Mutter sitzt, zu fressen. Er bekommt wohl etliche Schläge, doch sein Bemühen ist nun hinreichend belohnt, denn auf einmal ist er wieder Mensch.

Volkssagen, Bräuche und Meinungen aus Tirol, gesammelt und herausgegeben von Johann Adolf Heyl, Brixen 1897, Nr. 79, S. 111f.

Letzte Fahrt
Lienz

Schnell, schnell … Der Zug jagt durch die Nacht, die Schienen entlang und über die Schwellen, zerschneidet mit seinen Lichtern die Dunkelheit. Vorbei an vom Spätsommer ausgezehrten Wiesen, über die nun die Finsternis gekommen ist, die Nacht, die im Rücken der Bahn immer wieder von Blitzen erhellt, vom dumpfen Donner durchdrungen wird. Vorbei jagt der Zug an Bergen und Felsen, deren uralter Stein bis vor einigen Stunden noch in den feurigen Flammen der Sonne gelegen hat. Die Luft wiegt schwer, zischt, scheint zu ächzen unter der mächtigen Hitze, will sich nicht beugen, will warten auf den kühlen Regen, der kommen wird und sich bereits durch weite Teile des Pustertals der Rienz entlangwälzt.
Der ältere Mann sitzt ganz alleine im hintersten Wagon des Zuges und wacht aus seinem leichten Schlaf auf, als die Bahn in Innichen einrollt und zum Stillstand kommt. Die Häuser rund um das Stift zu Füßen der Haunoldgruppe, in deren Schatten immer noch die dunkle Sage eines verratenen Riesen wandelt, sind in der späten Augustglut, die sich jetzt durch die geöffneten Türen ins Innere des Zuges drängt, versunken. Mehrere Jugendliche mit großen Rucksäcken steigen ein, ein jüngeres Paar, das lachend ins Innere des Wagens stolpert, eine alte Dame, die mit ihrem Gehstock mühsam und keuchend zum erstbesten Sitzplatz wankt. Geduldig folgt ihr ein

Mann mittleren Alters. Er tritt durch die geöffneten Schiebetüren und lässt seinen Blick angestrengt über die Sitze schweifen. Er ist mittelgroß, kahl rasiert und außerordentlich kräftig gebaut. Wie ein Kunstwerk, ein wirres Relief, scheinen die heraustretenden Adern an seinen Unterarmen zu verlaufen, das enganliegende graue T-Shirt droht jeden Augenblick fast zu zerreißen. Kurz streckt er seinen Körper, fixiert den alten Mann, der bereits ganz hinten sitzt, und geht auf ihn zu. Schnell, zielsicher.

„Guten Abend! Sagen Sie, darf ich mich zu Ihnen setzen?"

Der zugestiegene Fahrgast steht mitten im Gang des Zuges, lächelt höflich und in seinen dunkelbraunen Augen scheint sich dieses Lächeln auf eine eigentümliche Art widerzuspiegeln.

„Bitte, bitte! Selbstverständlich! Sie haben die Wahl! Nehmen Sie doch Platz! Ich bin immer glücklich über ein wenig Gesellschaft …",

antwortet der ältere Mann freundlich und lädt mit einer weit ausladenden Geste ein, sich ihm gegenüber hinzusetzen.

„Danke sehr, vielen Dank!"

Einige Augenblicke vergehen, dann fährt der Zug langsam wieder an, weiter durch die Sommernacht.

Das Lachen der beiden Verliebten weiter vorne dringt gedämpft an das Ohr der beiden Männer und lässt beide unversehens schmunzeln.

„Wie wunderbar, wie authentisch! Das hier ist doch das pure Leben! Und zweifelsohne ähnelt unsere Existenz einer Zugfahrt … Oder finden Sie nicht? Immer müssen wir in Bewegung sein, ob wir wollen oder nicht. Manchmal scheint unser Leben auf Schienen stehenzubleiben und doch fährt es unaufhaltsam seinem Ziel entgegen, durch Hitze und Kälte, bringt Liebe und Leid und Neid …"

„… und unvorhergesehene Begegnungen, gesteuert vom Zufall oder der Laune dieses so wankelmütigen Lebens!", entgegnet der ältere, hochgewachsene Mann dem Aphorismus seines Gegenübers und blickt in diese faszinierenden dunklen Augen.

„Ach ja, der Zufall. Ja, der führt hier mit Sicherheit auch Regie, da haben Sie völlig recht. Ganz bestimmt."

Der Zugestiegene nickt mehrmals, verschränkt seine mächtigen Arme und erwidert den Blick. Ruhig, fast nachdenklich. Einige Sekunden ziehen vorbei, während an die Fensterscheiben bereits erste, verirrte Regentropfen anklopfen.

„Es wird nicht mehr lange dauern, dann geht es los …", setzt der Mann fort.

„Hm? Was meinen Sie denn?“

„Das Unwetter – und das andere … Beides kommt gemeinsam und lässt sich nicht aufhalten …“

Der ältere Mann scheint kurz verwirrt zu sein, aber noch bevor er nachfragen kann, setzt sein Gegenüber nach.

„Es ist keineswegs Zufall, dass ich mich hierhin gesetzt habe. Sie werden meinen Plan hören. Vor Ihnen werde ich mein Werk ausbreiten. Und wenn ich Ihnen dann alles erzählt habe, werden Sie schweigen … Was ich Ihnen jetzt sage, wird Ihre Vorstellungskraft vermutlich sprengen, aber haben Sie keine Angst! Ich sage … die Wahrheit!“

„Jetzt haben Sie mich aber sehr, sehr neugierig gemacht. Wissen Sie, ich habe in der Vergangenheit so viel Unfassbares, so viel Unglaubliches gesehen, dass man mich schon ziemlich überraschen müsste. Dennoch … fahren Sie fort! Sie haben meine volle Aufmerksamkeit. Eine interessante Geschichte ist mir immer äußerst willkommen!“

Der kräftige Mann beugt sich langsam nach vorne und scheint folgende Worte fast zu hauchen, während immer mehr Tropfen auf die Scheibe prallen und vom Fahrtwind wie fragile Adern zersprengt werden:

„Ich … bin der Teufel und hole mir bald mein nächstes Opfer.“

Ein kurzes, ein ungläubiges und leises Lachen dringt aus der Kehle des Alten, dann zucken seine Mundwinkel mehrere Male. Er verschränkt ebenfalls seine Arme und der enganliegende schwarze Anzug spannt sich über den dünnen Knochen.

„Sie glauben mir nicht, oder? Nein, Sie glauben mir nicht! Das tut keiner! Bis es zu spät ist und sie alle um Gnade winseln, mich anflehen, meine unbändige Macht akzeptieren müssen. Nur wenige haben es gewagt, gegen mich aufzubegehren, aber dann habe ich einen anderen Weg gefunden. Und auch jetzt werde ich jemanden finden, der für jenen Einsiedler büßen muss, der mir damals in diesem Wald bei Lienz widerstanden hat …"

„Sie beziehen sich auf … auf die Sage vom Teufelsstein, nicht wahr?"

„Oh ja, ganz genau! Sie kennen sie offenbar! Schön, sehr schön!"

In diesem Moment zerreißt draußen ein krachender Donner die Nacht, fährt mit unbändiger Gewalt entlang nackter Felsen, durch kalte Wasser und dichte Wälder, überzieht lautstark Hänge und Wiesen und scheint den gesamten Zug mit seiner schrecklichen Kraft zu durchdringen.

„Im Mantel dieses Unwetters werde ich eine ungläubige Seele zur Rechenschaft ziehen und niemand wird die

erstickten Schreie hören, wenn der Regen niederprasselt, der Donner das Land erzittern lässt und ich mit meinen bloßen Händen das Leben aus einem unglücklichen Körper quetschen werde.
Das, alter Mann, das ist mein Plan, ist mein Vorhaben in dieser so lange erwarteten Nacht, wo sich der Nächste in den Höllenkreis einreihen muss. So wie viele andere bereits zuvor …“

Der Mann presst seine Fäuste immer wieder gegeneinander, wie eine unfassbare Welle bewegen sich die Muskeln seiner Arme, eine riesige Ader, die an der Schläfe des Mannes hervortritt, scheint fast zu zerbersten.

„Sie werden keiner Menschenseele etwas erzählen, hören Sie? Niemandem! Weil ich Sie sonst finden und Sie töten werde.“

Der ältere Herr ruht bewegungslos in seinem Sitz. Wieder zerschellt ein Donnerschlag draußen über den Bergen, den steilen Hängen und Abgründen, während sich der Zug immer weiter der Bezirkshauptstadt Osttirols nähert.

„Aber weshalb haben Sie mir dann Ihren Plan erläutert? Welcher Sinn steckt denn dahinter? Sie müssen doch trotz allem davon ausgehen, dass ich ein Risiko für Sie bin …“

„Sie werden es nicht wagen, irgendetwas gegen mich zu unternehmen. Wie denn auch? Gegen den Teufel? Sie sollen einfach nur Angst vor mir haben. Nackte Angst. Und Sie sollen wissen, dass mich nichts und niemand aufhalten kann."

Plötzlich beginnt der alte, hochgewachsene Mann leise aufzulachen, wird förmlich geschüttelt von einem Lachkrampf. Jede einzelne Faser seines Körpers, sogar der eisgraue Schnurrbart, scheint in Bewegung zu sein. Dann verebbt das Lachen allmählich auf den schmalen, roten, scharf gezeichneten Lippen. Er löst sich aus seiner bisherigen Position und beugt sich nun noch weiter nach vorne, verströmt einen eigentümlichen, unangenehmen Geruch aus allen Poren seines Körpers. Die Gesichter der beiden Männer sind jetzt nur wenige Zentimeter voneinander entfernt.

„Fabelhaft! Einfach nur fabelhaft! Wissen Sie, was Sie sind? Ich sage es Ihnen: Sie sind nichts anderes als ein verstörter Psychopath, der sich im Namen des Teufels aufmacht, um seinen Verbrechen einen dramatischen Anstrich zu geben. Sie bemächtigen sich seiner Geschichten, um Ihr krudes Tun zu rechtfertigen und das Leben von irgendwelchen Unglücklichen, die Ihren Weg kreuzen, zu beenden. Rätselhafte Mordfälle, die im Zusammenhang mit Aberglaube, mit Teufelssagen oder Legenden stehen.

Damit sind Sie wohl bislang sehr gut durchgekommen. Ich gratuliere Ihnen ganz herzlich dazu. Irgendwie doch beachtenswert … Und so kreativ … Nichtsdestotrotz sind Sie ein elender, winziger Wurm, gefangen in Ihren

wirren Ideen und den dunklen Winkeln der Seele, eingesperrt in Ihrem mit Muskeln bepackten Körper. Armselig und im Endeffekt so unbedeutsam, so unglaublich klein in dieser großen, weiten, so bösen Welt, gesteuert vom Zufall und der Laune dieses so wankelmütigen Lebens.
Manche Mythen verlöschen, sterben irgendwann, andere aber überdauern alle Zeit und erweisen sich letztlich als die Wahrheit.
Nein, Sie sind nicht der Erste, der von mir persönlich überzeugt werden muss, glauben Sie mir, denn ich kann es auf den Tod nicht ausstehen, wenn man meine eigenen Pläne durchkreuzt …
Ich bin der Teufel, mein Freund, und Sie werden Lienz leider nicht mehr erreichen …"

Als der Zug Minuten später mit der Gewitterfront den weiten, aufgeheizten Talboden erreicht, in den sich die nun zu kochen scheinende Drau ergießt, klafft im hinteren Bereich des Zuges ein von Metallstäben und Kunststoffsträngen umsäumtes Loch, herausgerissen von einer rätselhaften, übermenschlichen Kraft. Niemand kann sich das Verschwinden der beiden Fahrgäste, die man noch bis weit nach Innichen im Wagen sitzend gesehen hatte, erklären. Und niemand hat nur den Funken einer Ahnung, warum auch nach der Reparatur des Zuges dieser seltsame Schwefelgeruch einfach nicht mehr weichen will.

Der Teufelsstein bei Lienz

Unweit Lienz in einem Walde liegt ein Stein, dem ein Pferdefuß eingedrückt ist. Das Volk nennt ihn den Teufelsstein und erzählt davon folgende Sage.

Dort, wo jetzt der Stein liegt, war eine tiefe Höhle, in der ein frommer Einsiedler wohnte. Zu diesem kam eines Tages der Teufel und versuchte ihn auf alle Weise, doch der selige Mann widerstand allen Anfechtungen des Bösen und der Schwarze konnte ihm nichts anhaben. Darob ergrimmte der Teufel so sehr, daß er unter einem entsetzlichen Gestanke von dannen fuhr und vor Zorn so auf den Felsen stampfte, daß sein Pferdefuß darin abgedrückt wurde und noch heutigen Tages zu sehen ist.

Sagen aus Tirol, gesammelt und herausgegeben von Ignaz V. Zingerle, Innsbruck 1891, Nr. 701, S. 397.

p
g

Bisherige Publikationen der `pyjamaguerilleros*`:

Nr. 26: *Novemberkind Lyrics. Reihe Pocket Art Explosion #1*
Julia Costa
2020: Innsbruck. ISBN-Nr. 978-3-9504143-6-3

Nr. 25: *schlaraffenzirkus. Poesiealbum.*
???affe!!!
2019: Innsbruck. ISBN-Nr. 978-3-9504143-5-6

Nr. 24: *Via Dolorosa. 12 malerisch poetische Stationen eines Leidensweges. Ein Gedicht-Bild-Band.*
Thomas Schafferer
2019: Innsbruck. ISBN-Nr. 978-3-9504143-4-9

Nr. 23: *Über die Jahre. 47 Tiroler AutorInnen erinnern sich in Geschichten und Gedichten. Anthologie.*
2018: Innsbruck. ISBN-Nr. 978-3-9504143-3-2

Nr. 22: *Cognac & Biskotten Talente Nr. 4–6. Anthologie.*
Mit Texten von 9 AutorInnen aus Tirol
2018: Innsbruck. ISBN-Nr. 978-3-9504143-2-5

Nr. 21: *Cognac & Biskotten Talente Nr. 1–3. Anthologie.*
Mit Texten von 9 AutorInnen aus Tirol
2016 Innsbruck. ISBN-Nr. 978-3-9504143-1-8

Nr. 20: *jahr des affen. Poesiealbum.*
???affe!!!
2016: Innsbruck. ISBN-Nr. 978-3-9504143-0-1

Nr. 19: *Sie wird dich holen. Mysteriös-düstere Kurzgeschichten.*
Christian Kössler
2015: Innsbruck. ISBN-Nr. 978-3-9503021-9-6

Nr. 18: *Provinzposse. Ein 24-stündiger Theatermarathon.*
Mit 5 Theaterstücken (von Christine Frei, Josef Maria Krasanovsky, Thomas Schafferer, Helmuth Schönauer und Nora Schüssler) und zugleich Dokumentation der Ausgabe Nr. 36 des Tiroler Literaturmagazins Cognac & Biskotten (Hrsg.) in Kooperation mit Theater Melone
2014: Innsbruck. ISBN-Nr. 978-3-9503021-8-9

Nr. 17: *Nicht mal ein Fernzug. Ein Hypo-Roman.*
Wolfgang Nöckler
2014: Innsbruck. ISBN-Nr. 978-3-9503021-7-2

Nr. 16: *MundWerk – buchstäblich das Beste. Anthologie. (Vergriffen)*
Lene Morgenstern & Wolfgang Nöckler (Hrsg.)
2014: Innsbruck. ISBN-Nr. 978-3-9503021-6-5

Nr. 15: *ich leih mir kurz mal dein gesicht. Gedichte.*
Wolfgang Nöckler
2014: Innsbruck. ISBN-Nr. 978-3-9503021-5-8

Nr. 14: *Tiroler Sensenmann-Blues. Ein Hypo-Roman.*
Christian Kössler
2013: Innsbruck. ISBN-Nr. 978-3-9503021-4-1

Nr. 13: *hymne an die sinne. Poesiealbum.*
???affe!!!
2013: Innsbruck. ISBN-Nr. 978-3-9503021-3-4

Nr. 12: *Kommissar Prohaska: Geldstadt Innsbruck. Ein Hypo-Roman.*
Daniel Suckert, Vorwort: Inspektor Hermann Maier
2013: Innsbruck. ISBN-Nr. 978-3-9503021-2-7

Nr. 11: *Pitsch, Patsch, Putsch! Das Manifest von Budapest der Schreibmaschinen*
Joanna Maria Egger, Daniel Furxer, Thomas Schafferer
2012: Innsbruck. ISBN-Nr. 978-3-9503021-1-0

Nr. 10: *Kommissar Prohaska: „Weltstadt" Innsbruck. 10 humoristisch-skurrile Kurzgeschichten.*
Daniel Suckert, Vorwort: Harald Haller / Schienentröster
2010: Innsbruck. ISBN-Nr. 978-3-9503021-0-3

Nr. 9: *Über das Fallen. 41 Gedichte und 1 Fragment.*
Andreas Brugger
2008: Innsbruck. ISBN-Nr. 978-3-9501923-9-1

Nr. 8: *Kaiserschmarrn. 20 absurde Kurzgeschichten und -krimis.*
Thomas Schafferer, Vorwort: Christian Kössler
2008: Innsbruck. ISBN-Nr. 978-3-9501923-8-4

Nr. 7: *Lyrik Rocks. 2-3-4 rotzfreche Tracks.*
Thomas Schafferer, Vorwort: Florian Pranger (Hrsg.)
2007: Innsbruck. ISBN-Nr. 978-3-9501923-7-7

Nr. 6: *Bestialisches Innsbruck. 12 mysteriös, düstere Kurzgeschichten.*
Christian Kössler, Vorwort: Florian Pranger (Hrsg.)
2007: Innsbruck. ISBN-Nr. 978-3-9501923-6-0

Nr. 5: *Female Lyrics, Texte über Galtür, Hopfgarten i. Br. u. Galtür*
Barbara Aschenwald, Petra Maria Kraxner, Esther Strauß,
Vorwort: Barbara Hundegger
2006: Innsbruck. ISBN-Nr. 978-3-9501923-5-3

Nr. 4: *digitally remastered. 227 Gedichte aus den Jahren 1992–2006.*
Thomas Schafferer, Vorwort: Joachim Gatterer (Hrsg.)
2006: Innsbruck. ISBN-Nr. 978-3-9501923-4-6

Nr. 3: *Gott vs. Satan. Die größten Flops (...) der Schreibmaschinen*
Daniel Furxer und Thomas Schafferer
2003: Innsbruck. ISBN-Nr. 978-3-9501923-2-2

Nr. 2: *1. Int. Upper-Ground-Festival. Spectre vs. Cognac & Biskotten.*
Anthologie.
2003: Innsbruck. ISBN-Nr. 978-3-9501923-1-5

Nr. 1: *splitternackt. 28 Gedichte.*
Thomas Schafferer
2001: Innsbruck. ISBN-Nr. 978-3-9501923-0-8

Über den Autor

Christian Kössler wurde am 1. Dezember 1975 geboren. Er ist in Innsbruck wohnhaft, Bibliothekar und Mitglied im Vorstand der IG AutorInnen Tirol.

Kössler hat mehrere Bücher und Textbeiträge verfasst und ist seit 2007 mit seinen unheimlichen und schwarzhumorigen Texten im In- und Ausland unterwegs.

Zu Gast war er mit seinen Lesungen bislang in Österreich, Belgien, Bosnien-Herzegowina, Deutschland, Estland, Finnland, Frankreich, Kroatien, Liechtenstein, Litauen, den Niederlanden, in Norwegen, Schottland, Spanien, Südtirol und der Schweiz.

Mehrere seiner Erzählungen wurden ins Estnische und Italienische übersetzt, seit 2009 hat er zahlreiche Einsätze im Tor des österreichischen Autorenfußballteams absolviert.

Web: http://christian-koessler.mozello.com

Die an überlieferte Tiroler Sagen angelehnten Handlungen sowie die Charaktere im vorliegenden Werk sind frei erfunden. Jede Ähnlichkeit mit lebenden oder verstorbenen Personen ist unbeabsichtigt und wäre zufällig.

Ein großes Dankeschön geht an die Kulturabteilung der Stadt Innsbruck und des Landes Tirol sowie dem Bundeskanzleramt Österreich Abteilung Kunst.

Ein ganz besonderer Dank gilt DI Andreas Auer, Roberta Bortolotti, MA, Mag.[a] Judith Gorbach, Franz „Purnerweindl" Lechner, Mag. Wolfgang Morscher (SAGEN.AT), Mag. Thomas Schafferer, Martin Trafoier und meiner Frau Silvia.

pyjamaguerilleros*
SCHUBKRAFT STATT SCHUBLADE!